1판 2쇄 발행 2025년 5월 29일

글쓴이 김일옥
그린이 윤병철

펴낸이 이경민
펴낸곳 ㈜동아엠앤비
출판등록 2014년 3월 28일(제25100-2014-000025호)
주소 (03737) 서울특별시 서대문구 충정로 35-17 인촌빌딩 1층
전화 (편집) 02-392-6901 (마케팅) 02-392-6900
팩스 02-392-6902
전자우편 damnb0401@naver.com
SNS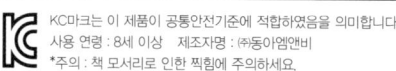

ISBN 979-11-6363-286-3 (74190)
     979-11-6363-285-6 (세트)

※ 책 가격은 뒤표지에 있습니다.
※ 잘못된 책은 구입한 곳에서 바꿔 드립니다.
※ 이 책에 실린 사진은 위키피디아, 셔터스톡에서 제공받았습니다.
  사진 출처를 찾지 못한 일부 사진은 저작권자가 확인되는 대로 게재 허락을 받겠습니다.

 KC마크는 이 제품이 공통안전기준에 적합하였음을 의미합니다.
사용 연령: 8세 이상   제조자명: ㈜동아엠앤비
*주의: 책 모서리로 인한 찍힘에 주의하세요.

도서출판 뭉치는 ㈜동아엠앤비의 어린이 출판 브랜드로, 아이들의 지식을 단단하게 만들어주고, 아이들의 창의력과 사고력을 키워주어 우리 자녀들이 융합형 창의 사고뭉치로 성장할 수 있도록 좋은 책을 만들겠습니다.

펴내는 글

모두가 평등하다면 정의로운 사회일까?
부자가 세금을 더 많이 내는 것이 정의로울까?

선생님이 질문을 던지자마자 교실이 일순간에 조용해집니다. 심장은 두근두근 합니다. 이때, 침묵을 깨는 선생님의 목소리. 내 이름이 아닌, 다른 누군가의 이름입니다. 휴, 내 심장은 이제야 평온을 찾습니다.

이런 경험, 모두들 해 보지 않았나요? 사람들 앞에서 말하는 것, 심지어 조리 있게 말하는 것은 쉬운 일이 아닙니다. 우리 모두는 매일 말을 하고 사는데도 말을 '잘하기'는 쉽지가 않고, 말 '잘하는' 사람도 보기가 드뭅니다. 왜 그럴까요?

말이란 인간이 서로의 생각과 감정 등을 알기 위해, 즉 기본적으로는 소통하기 위해 사용하는 도구입니다. 타인과 소통하기 위해서는 논리가 필요합니다. 핵심과 기승전결이 있어야 한다는 뜻입니다. 핵심이 뭔지 알 수 없는 말, 두서가 없는 말로는 소통을 하기가 어렵습니다. 설득은 언감생심이고요.

말에 핵심과 기승전결이 있으면 논리가 생깁니다. 논리력을 키우는 가장 효과적인 방법은 생각하는 훈련을 많이 해 보는 것입니다. 가장 쉬운 것은 언제(when), 어디서(where), 무엇을(what), 어떻게(how), 왜(why)를 따져 보는 것입니다. 이런 방식으로 현상을 보다 보면 지식이 많아지는데, 지식이 많아지면 다른 사람의 말을 들을 때 무조건 동조하거나 반대하지 않을 수가 있습니다. 비판 의식이 생기기 때문이지요.

「초등 철학 토론왕」 시리즈는 아이들이 일상 속에서 맞닥뜨릴 수 있는 철학적 질문과 호기심을 해결하면서 스스로 생각하는 힘을 키울 수 있도록 기획되었습니다. 흥미로운 이야기를 읽으며 끊임없이 생각하고 답을 찾는 사이, 철학은 고리타분한 것이라는 편견을 깰 뿐만 아니라 우리 삶을 풍요롭게 해 주는 가치와 지혜를 하나씩 배울 것입니다. 무엇보다 교과서에서는 접할 수 없는 구성으로 철학적 주제와 동화를 엮어 어린이 독자들이 논리적 사고력, 문제 해결력, 창의적 발상을 두루 경험할 수 있도록 하였습니다. 또한 폭넓은 정보를 유기적으로 연결해 설명함으로써 교과별로 조각나 있는 지식을 엮어 배경지식을 보다 탄탄하게 만들어 줍니다. 이러한 통합 교과형 구성은 국어를 기본으로 과학에서부터 역사, 지리, 사회, 예술에 이르기까지 상식과 사회에 대한 감각을 익히고 세상을 올바르게 바라보는 안목도 키워 줄 것입니다.

『세상을 바꾸는 공정한 원칙, 정의』는 불공평한 세상을 원망하며 모든 것을 포기하려 했던 한강철의 이야기입니다. 그는 모든 일에 최선을 다했으며 착하고 정직하게 살았지만, 노력에 비해 돌아오는 대가가 너무 가혹했지요. 그런 한강철 앞에 운명처럼 소원 요정 세라가 나타나고, 함께 요정의 세계로 날아가 다양한 미션을 수행하면서 정의의 개념과 공정, 존중, 관용, 윤리의 가치에 대해 하나씩 배우게 됩니다. 나아가 많은 사람들에게 행복을 전하는 '정의의 용사'가 되기를 소망하지요. 과연 한강철은 자신의 꿈을 이룰 수 있을까요? 독자 여러분도 한바탕 꿈 같은 한강철의 환상적인 모험을 읽으면서 우리 모두가 바라는 정의로운 사회, 공정한 사회는 어떤 모습일지 깊이 생각해 보기 바랍니다.

편집부

차례

펴내는 글 · 4
세상 끝에 선 한강철 · 8

1 소원 요정 세라 · 11

아무리 노력해도 소용없어 / 고양이가 요정이라고?

토론왕 되기 모두가 인정하는 정의란 어떤 모습일까요?

2 내 소원은 행복하게 사는 것 · 29

한강철의 소원은 요정? / 한강철, 요정 학교에 입학하다!

토론왕 되기 모두가 평등하면 정의로운 사회인가요?

3 수습 요정의 고민 · 47

한강철은 누구를 구해야 하나? / 장로님의 특별한 선물 / 현장 실습 허가서

토론왕 되기 부자가 세금을 더 많이 내는 것은 정의로운가요?

4 정의의 용사 한강철 · 65

요정 학교의 다양한 동아리 / 아주 이상한 소원

토론왕 되기 법은 정의의 원칙에 따라 만들어진 걸까요?

5  학생의 진짜 소원 · 81

그런 소원은 들어줄 수 없어 / 명문대 입학의 꿈

토론왕 되기 부자에게도 무상 급식을 줘야 하나요?

6  그건 역차별이에요 · 97

예상치 못한 피해자 / 환생권으로 보상해 줄게

토론왕 되기 기여 입학 제도는 정당한가요?

7  행복을 전하는 정의의 용사 · 115

사람들을 행복하게 해 주고 싶어 / 한강철의 새로운 임무

토론왕 되기 공동체가 저지른 과거의 잘못을 개인이 사과해야 하나요?

어려운 용어를 파헤치자! · 130

신나는 토론을 위한 맞춤 가이드 · 131

소원 요정 세라

⚖️ 아무리 노력해도 소용없어

　한강철은 새로운 하루가 시작되었지만 여전히 우울했어요. 어제 한강에서 경찰을 만났던 일이 자꾸 떠올랐거든요. 생각하면 할수록 자신이 너무 못나고 초라하게 느껴졌어요. 한강철은 우울한 기분을 떨쳐 내기 위해 고개를 세차게 흔들고는 집을 나섰지요. 하지만 딱히 갈 곳이 없었어요. 얼마 전 직장을 그만둔 데다, 가깝게 지내는 친구나 친척도 없었지요.
　한강철은 하릴없이 거리를 돌아다니다가 무거운 수레를 힘겹게 끌고 있는 할머니를 발견했어요. 할머니는 비탈길을 올라가려고 끙끙거리고 있었어요. 한강철은 조용히 다가가 뒤에서 몰래 할머니의 수레를 밀어 주었지요. 그러자 인기척을 느낀 할머니가 뒤를 돌아보았어요.

"세상에, 이렇게 착한 젊은이가 있다니! 복 받을 거야."

할머니의 말에 한강철은 씁쓸하게 웃었어요.

'착하면 복을 받을 거라니, 할머니가 참 순진하시구나.'

한강철은 어릴 때부터 늘 '착하게' 행동했어요. 다른 친구를 해코지한 적도, 속인 적도 없었지요. 하지만 한강철의 삶에서 '복'이라고 부를 만한 근사한 일은 일어나지 않았어요. 이른 아침부터

1장 소원 요정 세라

밤늦게까지 열심히 일했지만 손에 쥘 수 있는 돈은 턱없이 적었지요. 사람들은 한강철을 보며 착하고 성실하지만 대학을 나오지 않아 돈을 못 버는 거라고 했어요. 사실 한강철은 공부를 잘했지만 형편이 어려워 대학 진학을 포기했는데, 고등학교 졸업장만으로는 좋은 직장에 들어가기 어려웠어요. 물론 대학을 나오지 않아도 노래나 운동 등 특별한 재능을 타고난 사람들은 성공하는 경우도 있었지요.

'하필 가난한 집에 태어나서 대학도 못 가고……. 게다가 난 왜 잘하는 것도 없지?'

한강철은 부자로 태어나거나 재능을 타고나는 것이 개인의 노력과는 아무 상관이 없다고 생각했어요. 그냥 죄다 '운'인 것 같았지요. 그래서 한강철은 자신은 운이 없었고, 그게 자신이 가진 '복'의 전부라고 생각했어요. 그래도 열심히 노력하면 보다 나은 삶이 펼쳐질 거라는 희망을 가지고 정직하고 성실하게 살았어요. 하지만 한강철의 인생은 조금도 나아지지 않았지요.

한강철은 어깨가 축 처진 채 터벅터벅 집으로 돌아왔어요. 그때 집주인이 기다렸다는 듯이 그의 앞을 가로막으며 따지듯이 물었어요.

"이봐요, 한강철 씨. 월세가 많이 밀렸는데 대체 언제 줄 거예요?"

집주인은 밀린 월세 때문에 몹시 화가 난 듯했어요. 한강철은 집주인을 볼 낯이 없었지만, 정말 월세를 낼 여유가 없을 만큼 형편이 어려웠어요.

사실 얼마 전 한강철은 그동안 조금씩 모은 돈으로 치킨 가게를 열었어요. 처음에는 그럭저럭 장사가 잘되었는데, 바로 옆에 유명한 프랜차이즈 치킨 가게가 들어오고 난 뒤로 손님이 뚝 끊기고 말았지요. 한강철은 부랴부랴 은행에서 돈을 빌려 가게를 확장하고 이벤트 행사까지 벌였지만, 또 다른 프랜차이즈 치킨 가게가 들어오던 날 깨끗이 포기해 버렸답니다. 한강철은 정말 운이 없어서 되는 게 하나도 없다고 생각했어요.

"제가 지금 여유가 없어서요……. 조금만 더 기다려 주시면 안 될까요?"

한강철이 기어 들어가는 목소리로 사정했어요. 하지만 집주인의 태도는 무척 완강했지요.

"지난달에도 그렇게 말해 놓고는 안 줬잖아요. 나도 이제 더는 못 봐줘요."

순간 한강철은 화가 치솟았어요. 집주인이 아니라 바로 무능력한 자신에게요. 하지만 한강철은 월세를 내고 싶어도 그럴 돈이 없어 가슴이 답답했어요.

'어쩌지? 이제 내가 가진 거라곤 어머니가 물려주신 금붙이밖에 없는데, 그거라도 팔아야 하나…….'

"저, 어떻게든 돈을 마련해 볼 테니 조금만 기다려 주세요……."

집주인은 어깨가 축 처진 한강철을 보며 혀를 끌끌 차다가 휙 돌아섰어요.

고양이가 요정이라고?

한강철은 집 앞 골목에 그대로 쪼그려 앉아 곰곰이 생각했어요. 자신이 남에게 민폐만 끼치는 사람인 것 같았지요.

'내가 어쩌다 이렇게 못난 사람이 된 거지? 노력하면 못 할 게 없다는 생각으로 정말 열심히 살았는데…….'

한강철은 저도 모르게 눈물을 뚝뚝 흘렸어요.

그때 고양이 한 마리가 한강철 앞을 휙 지나갔어요. 흰색, 갈색 털이 섞인 아주 예쁜 새끼 고양이였지요. 한강철은 고양이에게서 눈을 떼지 못하고 계속 바라보았어요. 그때 멀리서 오토바이가 요란한 소리를 내며 빠르게 달려왔어요.

"어, 어……, 위험한데?"

다음 순간, 새끼 고양이가 "야옹!" 하고 날카로운 비명 소리를 내며 길바닥에 쓰러졌어요.

"고양아!"

한강철은 부리나케 달려가 고양이를 이리저리 살펴보았어요. 온 몸이 피투성이가 된 고양이는 거친 숨을 헐떡였지요. 하지만 오토바이 운전사는 고양이를 힐끗 보더니 침을 퉤 뱉고는 쌩하고 사라졌어요.

한강철은 다친 고양이를 안아 들고 허둥지둥 동물 병원으로 달려갔어요. 하지만 동물 병원에서는 수술비를 먼저 내야 고양이를 치료해 줄 수 있다고 했어요.

"나중에 돈 드린다니까요. 어서 수술부터 해 주세요! 이러다 고양이가 죽겠어요!"

한강철이 울다시피 사정했지만, 동물 병원 직원은 여전히 냉랭했어요.

"죄송합니다만, 수술비부터 내셔야 합니다."

그때 병원 문이 열리면서 비싼 옷을 입은 여자가 강아지를 품에 안은 채 들어왔어요. 그러자 동물 병원 직원의 태도가 완전히 달라졌지요.

"아유, 사모님. 어서 오세요. 벌써 우리 애기 털 깎을 때가 되었네요."

그러고는 강아지를 대뜸 받아 안더니 애견 미용실로 들려가려고 했지요.

그 모습을 본 한강철이 다급하게 소리쳤어요.

"선생님, 우리 고양이부터 수술해 주셔야죠!"

"손님, 순서를 지켜 주세요!"

병원 직원이 차갑게 대꾸하자, 한강철은 너무 황당해서 되물었어요.

"우리 고양이가 저 강아지보다 먼저 왔는데요?"

"그러니까 수술비부터 가져오시라고요!"

'하아……, 생명보다 돈이 먼저라니…….'

한강철은 이를 악물고 집으로 달려가 어머니의 유품인 금붙이를 꺼내 금은방에 팔았어요. 그 돈으로 수술비를 지불한 뒤 고양이를 꼭 살려 달라고 부탁했지요. 그러고는 집으로 돌아가 남은 돈으로 밀렸던 두 달 치 월세를 내면서 곧 방을 빼겠다고 말했어요.

한강철은 이제 정말 가진 게 아무것도 없었어요. 그래서 그길로 곧장 한강대교를 찾아갔어요. 한강을 바라보며 다시금 죽음을 떠올렸지요.

'이 세상은 내게 아무런 희망이 없어.'

하지만 한강철은 이대로 삶을 포기하자니 새삼 억울했어요. 대

체 어디서부터 잘못된 것인지 알 수가 없어 가슴이 답답하고 분했지요. 한강철은 세상이 너무나 원망스러웠지만, 자신이 바꿀 수 있는 것은 아무것도 없었어요. 한강철은 한강대교 난간을 붙잡고 강을 물끄러미 바라보았어요.

바로 그 순간, 한강철의 눈앞에 강렬한 빛이 번쩍 나타났지요.

"한강철 씨!"

한강철이 돌아보니 눈부시게 반짝이는 옷을 입은 예쁜 소녀가 서 있었어요.

"저는 당신 덕분에 목숨을 건진 새끼 고양이 세라예요. 아니, 실은 고양이가 아니라 사람들의 소원을 들어주는 요정이랍니다. 잠시 고양이로 변신해 인간 세계를 구경하고 있었는데, 그만 사고를 당하고 말았죠."

한강철은 소녀의 말이 도무지 믿기지 않았어요.

"내가 벌써 죽은 건가……?"

한강철이 자신의 볼을 꼬집으며 중얼거리자, 세라 요정이 빙그레 웃으며 말했어요.

"정확하게 말하면 죽은 것도 아니고 산 것도 아닌 상태죠. 제가 시간을 멈춰 놓았거든요. 제 목숨을 구해 주셨으니 은혜를 갚을 기회를 주

정보 쏙쏙 — **자살을 예방하는 사회 제도의 필요성**

우리 사회에는 간혹 먹고살기가 너무 힘들어서 삶을 포기하는 사람들이 있어요. 또 상대적 박탈감, 우울증, 비참한 기분 등에 사로잡혀 괴로워하다가 스스로 목숨을 끊는 경우도 있고요. 대체 왜 이런 일들이 벌어지는 걸까요? '자살은 사회적 타살이다.'라는 말이 있어요. 자살을 개인의 문제로 돌리기보다는 혹시 우리 사회가 구조적으로 그들을 절벽 끝으로 내몰지 않았는지 생각해 볼 필요가 있어요. 더불어 그들이 삶을 소중하게 여기고 희망을 가질 수 있도록 도와주는 사회 제도에 대해 좀 더 많은 관심을 가져야 해요. 그래야 삶을 포기하려는 사람들의 비극을 조금이나마 막을 수 있어요.

세요."

　세라 요정은 한강철에게 정말로 삶을 포기하고 싶다면 다시 시간을 흐르게 하겠다고 했어요. 즉, 세라 요정의 마법이 풀리는 순간 괴로운 현실로 돌아가는 것이지요.

　"한강철 씨, 제가 당신의 소원을 한 가지 들어줄게요. 소원을 통해 현재의 삶을 바꿔 보는 건 어때요?"

　한강철은 여전히 믿기지 않아 세라 요정을 뚫어지게 바라보았어요. 그러다 이내 조용히 중얼거렸어요.

　"내 소원은……."

존 롤스의 『정의론』

현대 철학의 기본이 되는 '정의'에 대한 생각은 1971년에 출간된 존 롤스의 『정의론』에 많은 부분 기초하고 있어요. 존 롤스는 기본적으로 '자유와 권리', '소득과 부', '인간으로서의 권리' 등이 사회 구성원 모두에게 평등하게 나눠지는 사회가 '정의로운 사회'라고 보았어요.

미국의 철학자 존 롤스

하지만 실제 현실에서는 사회에 각 계층이 있고, 계층에 따라 권리나 재산 등의 차이가 엄연히 존재해요. 게다가 그 격차를 없애기도 무척 힘들지요.

그래서 존 롤스는 사회의 부와 권력을 어떻게 재분배할 것인지 고민하며 정의에 대한 원칙을 세웠어요. 그것이 바로 **'기회 균등의 원칙'**이에요. 개인마다 각기 다른 능력과 소득의 차이를 인정하면 그로 인해 불평등이 발생하게 되는데, 이를 조정하기 위해서는 사회적 약자들이 더 나은 지위로 올라설 수 있는 기회를 주어야 한다는 이론이지요. 존 롤스는 사회의 혜택을 가장 적게 받는 사람들에게 제도나 규칙이 유리하게 작용될 수 있도록 하는 게 정의로운 일이라고 여겼답니다.

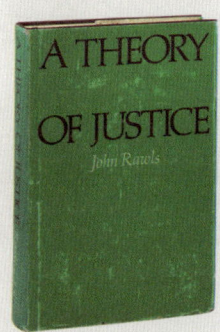

『정의론』 초판본

정의란 무엇일까요?

정의란 '진리에 맞는 올바른 도리'를 뜻해요. '인간이 언제 어디서나 추구하고자 하는 바르고 곧은 것'이라고 할 수 있지요. 한편 아주 먼 옛날부터 많은 사람들이 '정의'에 대한 다양한 의견을 내놓았었요. 그들의 이야기를 한번 들어 볼까요?

소크라테스

정의란 인간의 선한 본성이다. 아름답게 사는 것, 정의롭게 사는 것은 모두 같다.

아리스토텔레스

정의의 본질은 평등이다.

플라톤

정의는 자신에게 어울리는 것을 소유하고, 자신에게 어울리도록 행동하는 것이다.

키케로
사람들이 서로 해치지 않게 하는 것이 정의의 역할이다.

헤라클레이토스
불의가 없다면 인간은 정의를 알지 못할 것이다.

말콤 엑스
자유, 평등, 정의는 누가 주는 것이 아니다. 사람이라면 스스로 얻는 것이다.

벤자민 프랭클린
정의심이 없는 용기는 나약하기 짝이 없다.

프랭클린 루스벨트
인류에게 있어 단 하나의 진정한 원칙은 정의이며, 약자에 대한 정의는 보호와 친절이다.

토론왕 되기

모두가 인정하는 정의란 어떤 모습일까요?

여러분은 정의에 어긋나지 않는 올바른 생각, 올바른 행동이 무엇인지 명확하게 말할 수 있나요? 모든 사람에게 통용될 수 있는 정의란 어떤 모습일지 철학자 소크라테스 씨와 트라시마코스 씨를 초대해 이야기를 나누어 보겠습니다.

소크라테스 씨, 저는 정의란 '마땅히 갚아야 할 것을 갚는 것'이라고 생각합니다. 돈을 빌렸으면 갚아야 하고, 죄를 지었으면 벌을 받아야 합니다.

하지만 돌려주지 않는 게 올바른 행동일 때도 있습니다. 가령 칼을 빌렸지만, 칼의 주인이 미쳤다면 그에게 칼을 돌려주어선 안 됩니다. 많은 사람이 다칠 테니까요. 그러면 칼을 돌려주지 않는 것이 오히려 정의로운 행동이지요.

그렇다면 정의란 '강한 사람의 이익'이라고 해 두죠. 우리는 돈을 빌리면 높은 이자를 내야 합니다. 또 도둑질을 하면 벌을 받기도 합니다. 이런 가혹한 법과 현실을 만든 사람은 바로 권력을 가진 강자들입니다. 강자들은 자신들이 손해 볼 법과 제도를 절대 만들지 않습니다.

그 부분도 이렇게 생각할 수 있어요. 의사가 의술을 베풀면 환자가 이익을 봅니다. 또 뱃사공이 배를 잘 몰면 손님들이 강을 안전하게 건널 수 있습니다. 그러니까 의사나 뱃사공 같은 사회의 전문가 집단, 즉 강자가 베푸는 혜택이 꼭 그들만의 이익은 아니라는 거지요. 결국 우리 모두의 이익이 되지 않겠습니까?

제가 말한 강자는 그렇게 선한 의도가 없습니다. 의사가 환자에게 의술을 베푸는 것은 돈을 벌기 위해서입니다. 뱃사공 역시 뱃삯을 받지요. 결국 강자의 이익으로 돌아갑니다.

 도둑의 무리가 악하기만 하면 도둑질을 잘할까요? 절대 그렇지 않습니다. 도둑들 사이에서도 신뢰와 협동이 있어야 하지요. 나쁜 것은 모든 게 완벽하게 나빠야 한다는 식으로 몰아가면 현실에서 '정의'에 대해 얘기하기 어렵습니다.

그러니까 소크라테스 씨는 정의란 다양한 측면을 가지고 있고 현실은 완벽하지 않기 때문에 정의 역시 한마디로 정의 내릴 수 없다는 말씀이군요.

 네, 저도 그 부분은 동의합니다.

나도 토론왕

친구가 피시방 게임비가 필요하다며 돈을 빌려 달라고 합니다. 하지만 친구는 공부는 뒷전이고 만날 게임만 해서 선생님과 부모님을 걱정시켰지요. 여러분이라면 친구에게 돈을 빌려줄 건가요? 여러분의 생각과 그 이유를 함께 이야기해 보아요.

퀴즈

아래 보기의 설명을 읽고 해당하는 단어를 낱말 퍼즐 속에서 찾아보아요.

보기

❶ 진리에 맞는 올바른 행동과 생각
❷ 미국의 철학자 존 롤스가 1971년에 출간한 책
❸ 권리, 의무, 자격 등이 모든 사람에게 똑같음
❹ 남에게 구속받지 않고 자신의 의지대로 행동하는 것

권	원	칙	균	일	용
서	정	의	론	평	악
바	자	회	르	등	정
리	유	정	진	선	의

정답: ❶ 정의 ❷ 『정의론』 ❸ 평등 ❹ 자유

2

내 소원은 행복하게 사는 것

한강철의 소원은 요정?

"내 소원은 행복하게 사는 거야."

한강철의 소원은 아주 평범했어요. 하지만 세라 요정은 이해가 안 된다는 듯이 고개를 갸웃거렸지요.

"어떻게 하면 행복해지는데요? 아, 돈! 돈을 드리면 되나요?"

한강철은 세라 요정의 말에 귀가 솔깃해졌어요. 돈이 있어야 월세도 내고 맛있는 음식도 실컷 먹을 수 있으니 분명 행복해질 거라고 생각했지요. 하지만 한강철은 좀 더 신중하게 생각해 보기로 했어요. 어쩌면 다시 없을 절호의 기회일지 모르는데, 소원을 함부로 써 버릴 순 없었지요.

"물론 그렇긴 하지만, 돈만 있어서는 안 될 것 같아."

"네, 돈이 많다고 무조건 행복한 건 아니라고 들었어요……. 그럼 어떻게 해 드릴까요?"

'……재능을 달라고 해 볼까?'

한강철은 평소 자신은 무척 운이 없는 사람이라고 생각했어요. 운이 나쁜 사람은 사기를 당해 돈을 날릴 수도 있고, 또 돈이 많다고 소문이 나면 강도가 들어 뺏길 수도 있어요. 이처럼 돈은 언제든 사라질 수 있으니, 돈을 받는 것보다 돈 버는 방법을 알게 되면 모든 게 해결될 것 같았지요.

"재능이 필요할 것 같은데……?"

"재능이 있으면 행복해지나요? 그럼 어떤 재능을 원하세요?"

세라 요정의 말에 이번에는 한강철이 고개를 갸웃거렸어요.

'아니다. 재능이 있으면 돈을 많이 벌 수 있고, 사람들의 존경도 받고, 스스로도 뿌듯할 수는 있겠지만…….'

한강철은 얼마 전 텔레비전에서 본 뉴스가 생각나 얼른 고개를 저었어요. 연예인 A씨가 우울증으로 자살했다는 소식이었지요. 그런데 한강철은 도무지 이해할 수 없었어요. 잘생긴 외모에다 노래와 연기도 잘해서 돈도 많이 벌고 큰 사랑을 받던 사람이었기 때문이에요.

'혹시 나도 돈과 명예를 다 가지게 되면 우울증에 걸리는 거 아닐까? 사람마다 다 다르려나?'

한강철은 눈을 가늘게 뜨고 세라 요정을 바라보았어요. 세라 요정은 등 뒤에 숨겨져 있던 날개를 편 채 팔랑팔랑 날고 있었어요.

'그래, 바로 그거야! 정말 완벽하고 멋진 소원이 생각났어!'

한강철은 무릎을 탁 치고는 세라 요정에게 큰 목소리로 말했어요.

"능력이 필요해. 너처럼 무슨 소원이든 다 들어줄 수 있는 능력!"

한강철은 멋진 소원을 떠올린 자신이 너무 자랑스러워 기분이 좋았어요. 그런데 세라 요정이 당혹스러운 표정을 지었어요.

"그러니까 저처럼 요정이 되고 싶은 거예요?"

"뭐……, 요정까진 필요 없고 소원을 이뤄 주는 초능력만 주면 돼. 그런데 표정이 왜 그래? 설마 안 되는 거야?"

"안 될 건 없죠."

한강철은 혹시 이 소원이 자신의 발목을 잡는 건 아닐까 불안한 마음이 들었어요.

'설마 〈알라딘〉에 나오는 램프 요정 지니처럼, 램프에 갇히는 건 아니겠지? 감옥 같은 램프 안에서는 절대 행복해질 수 없을 텐데…….'

조금 뒤 세라 요정이 한숨을 폭 내쉬며 말을 이었어요.

"요정이 되는 게 그리 쉬운 일은 아니에요. 요정 학교에서 열심히 공부해 졸업장을 따야 해요……."

'학교? 다시 공부해야 한다고? 하지만 요정이 될 수 있다면…….'

한강철은 잠시 심호흡을 한 뒤 자신 있는 목소리로 떵떵거렸어요.

"좋아. 그 정도는 얼마든지 할 수 있어. 내가 요정 학교에서 공부할 수 있게 해 줘!"

그렇게 말하고 나니 갑자기 한강철의 심장이 쿵쿵 뛰기 시작하면서 웃음이 절로 나왔어요.

'나도……, 요정이 될 수 있어! 하하하!'

조금 뒤 한강철은 세라 요정과 함께 하늘로 붕 날아올라 소원 요정의 세계로 향했어요.

한강철, 요정 학교에 입학하다!

요정 학교에서 공부하는 일은 생각보다 괴로웠어요. 학교를 졸업하려면 반드시 시험을 통과해야 했지요. 게다가 한강철은 요정 학교를 다니면서, 요정의 능력이라는 게 그리 대단하지 않다는 것을 어렴풋이 깨달았어요.

세상에는 수많은 종류의 에너지가 있는데, 그중에서 좋은 에너

지는 매우 적었어요. 부유함, 권력, 명예, 사랑, 자유, 공정한 기회, 아름다움 등 많은 사람들이 원하는 좋은 에너지는 충분하지 않았죠. 또 이 에너지들이 골고루 퍼져 있는 게 아니라 한쪽으로 쏠려 있는 경우도 많았어요. 그래서 요정들이 소원을 들어준다는 것은, 좋은 에너지를 이쪽에서 저쪽으로 이동시켜 주는 것이었고 그게 그들이 할 수 있는 전부였지요. 예를 들어 사람들이 가장 많이 원하는 돈은 '돈 에너지'가 많은 곳에 가서 그 에너지를 모아 가져다주기만 하면 됐어요.

한강철은 처음에는 '부자의 돈을 가난한 사람에게 나눠 주는 거네.'라고 간단하게 생각했어요. 하지만 여러 경우를 접하다 보니 그리 간단한 문제가 아니었지요. 아무리 돈이 많은 부자라도 재산을 뺏기면 억울해했거든요. 게다가 요정들은 자신들의 능력치를 계속 올려야 하는 의무가 있었는데, 소원을 들어줄 때 분란이 생기거나 사람들이 억울해하면 능력치가 점점 깎이거나 초능력이 없어질 수 있기 때문에 조심해야 했어요.

'뭐가 이렇게 복잡하지? 난 그냥 나쁜 놈들 돈을 뺏어서 착한 사람한테 줄 거야!'

하지만 겉으로만 봐서는 나쁜 사람인지 좋은 사람인지 알 길이 없었어요. 그래서 요정들은 소원을 들어줄 때 모두가 최대한 '억울하지 않게 그리고 올바르게' 일을 처리하는 법을 반드시 배워야 했어요. 그런데 경우에 따라 옳고 그름이 달라지기 때문에 적절한 해결 방안을 제시하는 게 생각보다 어려웠지요. 그리고 그 해답이 찾는 일이 바로 요정 학교의 시험 문제이기도 했어요. 시험 방식은 요정 세계를 다스리는 장로님과 시험 요정들이 면접 형식으로 묻는 것이어서 대답만 잘하면 되었지요.

어느덧 한강철도 시험을 치를 때가 되어서 장로님 앞에 서게 되었어요. 장로님은 수염이 무척 풍성했고, 맑고 커다란 눈이 인상적이었어요. 한강철은 두근대는 가슴을 진정시키며 장로님의 질문을 기다렸지요.

이윽고 장로님이 한강철에게 문제를 냈어요.

"어떤 사람이 소원으로 현금 천만 원을 원한다. 이 돈을 어디서 어떻게 구해 가져다줄 것인가?"

한강철은 문제를 듣자마자 곧장 대답했지요.

"부자지만 나쁜 일을 많이 한 사람한테서 가져오겠습니다."

"그래, 좋은 일을 많이 한 부자의 돈은 가져오지 않겠다는 뜻이군. 그럼 착한 사람과 나쁜 사람을 어떻게 구별하지?"

'윽, 그건 짧은 시간 안에 판단하기 어려운데……. 이러면 안 되겠구나.'

한강철은 다시 곰곰이 생각한 뒤 다른 답을 내놓았어요.

"장로님, 그냥 백 명의 사람들에게 각각 십만 원씩 받아 마련하겠습니다."

"좋은 방법이다. 한 사람이 천만 원을 내는 건 어렵지만 백 명이 십만 원씩 내서 모으는 건 쉽지. 하지만 백 명 중에는 너무 가난해서 단돈 만 원도 낼 수 없는 사람이 있을 수 있다. 그들이 자신의 처지를 하소연하면서 돈을 내는 것에 대해 억울해하면 어떻게 할 텐가?"

"그렇다고 가난한 사람은 빼고, 부자한테만 돈을 걷으면 그들도 불만을 가질 겁니다. 좋아요, 이렇게 하지요. 부자들에게는 이십만 원씩 걷고, 보통 사람은 십만 원, 가난한 사람은 만 원만 내는 거예요. 모두 다 조금씩이라도 내는 거니까 그나마 덜 억울할 것 같습니다."

"과연 그럴까? 아마 부자들은 여전히 공정하지 못하다고 불평할 것이다. 힘들게 일해서 번 돈인데, 가진 게 많다는 이유만으로 다른 사람보다 더 내야 하냐고 따질 것이다."

장로님의 말에 한강철은 고개를 끄덕였어요. 하지만 뭔가 석연치 않았어요. 곰곰이 생각해 보면 성실하게 일하지 않는 사람은 없었으니까요. 부지런하게 일하는 걸로 따지자면 가난한 사람들이 부자들보다 더 열심히 일하는 경우가 많았어요. 당장 자신만 해도 새벽부터 밤늦게까지 쉬지 않고 일했는데, 에어컨이 빵빵하게 나오는 시원한 사무실에서 일하는 부자들보다 월급이 훨씬 적었으니까요. 부모한테서 물려받은 재산으로 건물을 사고, 그 건물에서 나오는 임대료를 챙기면서 돈을 버는 사람도 많았고요.

'억울하긴 뭐가 억울하다는 거야!'

한강철은 저도 모르게 입을 삐죽거렸어요. 그러자 장로님이 한강철의 마음을 훤히 읽고 있는 것처럼 되물었어요.

"능력을 발휘해 돈을 버는 일이 올바르지 않다는 건가?"

"그건 아니지만……, 부모로부터 재산을 물려받는 것부터가 공정하지 않습니다. 가난한 부모 밑에서 자란 사람이 더 억울해요. 또 부자들의 재산은 따지고 보면 사회 구성원들의 돈이 모여 이루어진 부유함이죠. 물론 사회 구성원들 중에는 부자도 있지만, 가난한 사람이 더 많잖아요. 부자들이 자신의 능력으로만 부를 쌓은 게 아니라는 겁니다. 가난한 사람들의 피와 땀이 바탕이 된 거니까 온전히 부자들만의 돈이라고 볼 수 없다는 거죠."

"흠……. 그것이 네 답변이구나. 잠시 기다려라. 시험 요정들과 의논해 보겠다."

장로님은 시험 요정들과 머리를 맞대고 한참 토론하더니 조금 뒤 한강철 앞으로 다가와 말했어요.

"한강철, 시험에 통과했다. 오늘부터 수습 요정으로 활동할 수 있는 권리를 주겠다!"

"만세!"

한강철은 두 팔을 번쩍 치켜들었어요.

"축하해요, 한강철 씨!"

한강철의 시험 결과를 기다리고 있던 세라 요정이 다가와 진심으로 축하해 주었어요. 하지만 정식으로 소원 요정이 되려면 졸업할 때까지 몇 번의 시험을 더 치러야 했답니다.

정보 쏙쏙

피자를 공평하게 나누는 방법

베이컨, 불고기, 새우, 버섯, 치즈 등 갖가지 토핑이 가득한 맛있는 피자가 있어요. 이 피자를 여덟 명이 공평하게 나누어 먹으려고 해요. 그럼 여덟 조각으로 정확하게 나누면 된다고요? 하지만 그것만으로는 부족해요. 피자 조각마다 토핑의 가짓수가 조금씩 다를 테니까요. 그럼 피자를 어떻게 나누어야 모두 만족할 수 있을까요?

존 롤스는 피자를 나누어 주는 사람이 마지막에 남는 피자를 먹는 게 공평하다고 보았어요. 사람들은 분명 토핑이 많이 올라간 피자를 선택하려고 할 거예요. 당연히 마지막에 남는 피자의 토핑이 제일 볼품없을 거고요. 그럼 분배자는 자신도 좋은 피자를 먹고 싶은 마음에 피자의 토핑이 최대한 공평하게 분배되도록 여덟 조각으로 나누겠지요.

세라 요정의
정의 톡톡

북아메리카 원주민들의 '담요로 던지기'

　북아메리카 원주민들은 부족 중 한 사람이 공동체에 큰 피해를 주거나 잘못을 저질렀을 때, 그 사람을 담요 위에 올린 뒤 공중으로 높이 띄워 던져 버리는 관습이 있었어요. 공중으로 계속 던졌다 받기를 반복하다가, 어느 순간 모두가 혹은 누군가가 담요를 놓으면 그 사람은 땅에 떨어져 크게 다칠 거예요. 따라서 잘못을 저지른 사람은 공중으로 던져질 때마다 부족 사람들이 담요를 꼭 잡아 주기를 간절히 바라겠지요. 그러면서 부족 사람들이 지탱해 주는 담요가 자신의 생존과 얼마나 밀접한 관련이 있는지 깨닫고 잘못을 뉘우쳤다고 해요.

　이처럼 한 사회를 이루는 구성원들이 각자 책임 있게 행동하고 서로 신뢰하는 관계가 되었을 때 정의롭고 행복한 사회를 만들 수 있어요.

정의와 관련된 다른 가치들

우리는 사회 안에서 타인과 관계를 맺고 서로 다른 생각을 주고받으며 살아가요. 이렇게 개개인이 가진 생각과 가치는 서로 다르지만, 공통적으로 소중하게 여기는 관념이 있어요. 바로 공평한 세상을 만들어 주는 '정의'예요. 정의가 우리 사회에 튼튼히 뿌리 내려야 그 위에 사랑, 존중, 윤리, 공정성 같은 올바른 마음가짐과 태도들이 싹을 틔울 수 있답니다.

윤리 사람으로서 마땅히 행하거나 지켜야 할 도리와 도덕

존중 타인을 높이 생각하고 귀중히 여기는 마음

동정심 타인의 어려움을 안타깝게 여기고 도와주고 싶어 하는 마음

책임감 — 내가 맡아서 해야 할 임무나 의무를 무겁게 생각하는 마음

공정성 — 어떤 일을 판단할 때 성별, 나이, 빈부 등에 따라 차이를 두지 않고 공평하게 판단하고 평가하는 것

사랑 — 나와 다른 존재를 몹시 아끼고 귀중히 여기는 마음

토론왕 되기

모두가 평등하면 정의로운 사회인가요?

정의로운 세상을 만들기 위해서는 모든 사람에게 기본적으로 주어져야 하는 자유와 평등이 꼭 필요해요. 하지만 사람들은 저마다 재능과 능력이 달라요. 그럼 재능과 능력이 다르더라도 모두 평등해야 하나요? 이것이 진정 정의로운 사회인가요? 함께 이야기 해 보아요.

저는 원칙적으로 모두 평등해야 한다고 생각합니다. 가령 모두 힘을 합쳐 멧돼지를 잡았는데, 누구는 많이 주고 누구는 적게 준다면 사람들은 불만을 가지게 될 것입니다.

 모두가 평등할 수는 없습니다. 사냥한 멧돼지를 나누는 일만 해도 누구는 앞다리를 주고 누구는 뒷다리를 줘야 하는데 어떻게 균등하게 나눌 수 있겠어요?

그럼 경우에 따라 불평등도 정의로운 일이 될 수 있다는 건가요?

 네, 어느 정도의 불평등은 받아들여야 한다고 생각합니다. 사냥 기술이 뛰어나고 기여를 많이 한 사람이 고기를 더 가지는 게 정당하지 않나요?

멧돼지 사냥은 사람들이 각자 맡은 역할을 충실히 하면서 다 같이 힘을 모았기 때문에 성공한 겁니다. 어느 한 사람이 더 많이 기여했다고 말하기 어렵습니다.

 그렇게 되면 사람들은 위험하거나 희생해야 하는 일은 하지 않을 거예요. 충분한 보상이 없다면 누가 위험한 일에 나설까요?

네, 물론 그렇지요. 하지만 고기를 지나치게 많이 차지하는 것은 안 됩니다. 무엇보다 고기를 분배하는 사람의 역할이 중요합니다.

 그럼 사냥에 참여하지 않은 사람, 그러니까 병든 사람이나 어린아이 그리고 이들을 돌봐야 했던 사람들은요? 고기를 받을 수 없는 겁니까?

아니요, 나눠 주어야 합니다. 사냥에 참여하지 않았지만 다음번 사냥에는 참여할 수 있으니까요.

 맞습니다. 또한 남아서 무리의 약자를 돌보는 일 역시 중요합니다. 사냥을 나간 사람들에게 안정과 활력을 주었을 거고, 실수하거나 다치더라도 동료들이 자신을 챙겨 줄 거란 생각에 든든할 거예요.

네, 그런 심리적 안정감과 소속감도 사냥에 도움을 주지요.

 그러니까 정의로운 사회란 이렇게 서로 돕고 배려하며 다 함께 잘 사는 모습이군요.

나도 토론왕

다 함께 교실을 대청소하는 날, 한 친구가 집에 혼자 계신 거동이 불편한 할머니를 챙겨야 한다며 먼저 하교하려고 합니다. 이 경우 여러분은 그 친구가 남아서 청소를 똑같이 해야 한다고 생각하나요? 여러분의 생각과 그 이유를 함께 이야기해 보아요.

퀴즈

아래의 용어와 예시를 잘 읽고 해당되는 것끼리 바르게 연결하세요.

① **존중** • • 나는 수영이와 생각이 달랐지만, 친구의 조언을 소중히 새겨들었어요. ⓐ

② **공정성** • • 민아는 자신이 맡은 학급 문고 정리를 꼭 해내리라 마음먹었어요. ⓑ

③ **책임감** • • 판사는 어느 한쪽으로 치우쳐 판결을 내리지 않도록 늘 조심해야 해요. ⓒ

④ **윤리** • • 형우는 길고양이에게 돌을 던지는 친구를 보고 그만하라고 소리쳤어요. ⓓ

정답: ①-ⓐ, ②-ⓒ, ③-ⓑ, ④-ⓓ

3

수습 요정의 고민

한강철은 누구를 구해야 하나?

한강철과 세라 요정은 조금 뒤 시작될 시험의 예상 문제를 여러 개 뽑아 보았어요. 사람들이 소원 요정에게 가장 많이 하는 부탁은 살려 달라는 것이었는데, 사실 그렇게 간단한 문제가 아니었어요. 요정 세계의 에너지 이동 규칙에 따르면, 목숨은 목숨으로 대신해야 했기 때문이지요.

"일단 위험에 처한 사람의 목숨부터 구하고 보는 게 당연한 거 아니야?"

한강철의 말에 세라 요정이 고개를 끄덕였어요.

"네, 일단 생명은 살려야죠. 그런 다음 대신할 생명을 어디서 데

려올지 빨리 결정해야 해요."

"너는 지금껏 어떻게 해 왔는데?"

한강철의 물음에 세라 요정이 힐끗 눈치를 살피더니 말했어요.

"죽어……, 마땅한 사람들을 데려왔지요."

"어떤 사람들이길래 죽어 마땅하다는 거야?"

"흉악한 범죄자들이요."

세라 요정이 어깨를 으쓱이며 대답했어요.

한강철은 힘이 쭉 빠졌어요. 소원 요정들도 사람들의 말을 다 들어주려면 마음이 참 복잡하겠구나 싶었지요. 한강철은 누가 과연 죽어 마땅한 사람들인지 곰곰이 생각해 보았어요.

'하지만……, 끔찍하고 흉악한 범죄를 저지른 사람이라면 정말 가차 없이 죽여도 마땅한 건가? 이 세상에서 완전히 없어져야 할 악의 무리라 해도 그들 또한 하나의 생명인데……. 정말 어렵다. 장로님이 꼬치꼬치 물으시면 뭐라고 대답하지?'

한강철은 깊은 고민에 빠졌어요. 그러다 시험 시간이 다 된 걸 확인하고는 서둘러 시험장 안으로 들어섰어요. 이번에도 장로님과 시험 요정들이 한강철을 기다리고 있었지요.

"한강철, 문제를 내겠다. 브레이크가 고장 난 기차가 철로를 달리고 있다. 그런데 곧 도착할 철로 위에는 네 명의 아이들이 모여 놀고 있었지. 다행히 너에겐 선로를 바꿀 수 있는 기회가 있다. 그러나 문제는 바뀐 선로에도 한 명의 아이가 앉아 있다는 것이지. 자, 당신은 달리는 열차의 선로를 바꾸어 네 명을 구하고 한 명을 죽게 할 것인가? 아니면 달리는 열차의 방향을 그대로 두어 한 명을 구할 것인가?"

'이런……!'

한강철은 전혀 예상하지 못한 문제가 나와 무척 당황했어요.

"장로님……, 다 구할 수는 없나요?"

"불가능하다. 한 명을 구할 것인지, 네 명을 구할 것인지 둘 중 하나를 선택해야 해. 자, 이제 당신의 선택과 그 이유를 답하라."

한강철은 오랫동안 고민했지만 좀처럼 결론을 내지 못했어요. 그저 문제일 뿐이지만 참으로 안타까운 상황이었지요. 순간 한강철의 머릿속에 '운명'이라는 단어가 떠올랐어요.

'원래대로라면 한 아이는 죽을 운이 아니다. 그런데 네 명의 아이 때문에 기차의 선로를 바꾼다면 죽을 운이 아니었던 아이는 죽게 된다……. 정말 억울한 죽음이야. 무엇보다 네 명을 살린다는 명분으로 한 명을 죽게 하는 게 옳은 일일까? 하지만 기차를 그대로 두면 아이 넷이 죽는데 그걸 뻔히 보고 있을 수도 없고……. 어떡하지? 그래, 누군가 죽는다는 것은 빼고 누군가를 살린다고 생

각해 보자. 네 명을 살리자……. 한 아이의 희생은 어쩔 수 없지.'

한강철은 한참을 고민하다 한 명을 희생시키기로 결심했어요. 하지만 아무리 그래도 한 생명이 죽는 걸 가만 보고 있을 수 없어 난감했지요. 게다가 한강철은 네 명의 아이보다는 왠지 한 명의 아이에게 자꾸만 마음이 기울었어요. 가장 먼저 희생되는 사람은 언제나 힘없고, 가난하고, 약한 사람들이었던 터라 그런 생각이 들었는지도 몰라요. 게다가 한강철은 '어쩔 수 없다고, 우리 모두를 살리기 위해서는 네가 희생해야 한다!'고 아무렇지 않게 말하는 사람들이 정말 싫었어요.

결국 마음을 정하지 못한 한강철은 우물쭈물 망설이다가 말을 얼버무렸어요.

"장로님, 모……, 모르겠습니다."

"그럼 만약 그 아이들 가운데 당신이 잘 아는 아이가 있다면 어떻게 할 것 같은가?"

"아, 그러면 제가 잘 아는 아이를 살릴 것 같아요."

한강철이 작은 목소리로 자신 없게 말했어요.

"정답이 따로 있는 건 아니다. 편하게 말해 보아라."

"어떤 선택을 하든 너무 괴롭고 힘든 상황인데요, 모르는 사람보다는 아는 사람에게 더 마음이 가는 건 어쩔 수 없을 것 같아요.

뭐, 사람들이 다 저처럼 생각하진 않겠지만요. 어차피 다 운인데, 어떤 아이가 제 덕분에 목숨을 건진다면 그것도 다 그 아이의 운명 아닌가요?"

"흠······."

장로님은 잠시 생각에 잠기더니 시험 요정들을 불러 모아 논의하기 시작했어요. 한강철은 손가락을 꼼지락거리면서 초조하게 결과를 기다렸어요.

장로님의 특별한 선물

이윽고 장로님이 한강철의 이름을 불렀어요.

"수습 요정, 한강철."

"네."

"우리는 당신에게 '무지의 베일'을 주기로 결정했다."

'무지의 베일?'

곧이어 시험 요정 중 한 명이 손가락을 튕기자 갑자기 허공에 수건이 나타났어요. 그러더니 곧장 한강철에게 다가와 그의 눈을 가렸어요. 수건이 마치 안대처럼 눈을 감싸자 한강철은 앞을 전혀 볼 수 없었지요. 게다가 아무리 수건을 떼어 내려 애써도 벗겨지지 않았어요.

"이게 뭐죠? 앞이 안 보여요."

그때 세라 요정이 한강철에게 다가와 어깨를 토닥이며 위로해 주었어요.

"너무 걱정 말고 긍정적으로 생각하세요."

"앞이 안 보이는데 어떻게 긍정적으로 생각할 수가 있어……."

"어쨌든 장로님에게 선물을 받은 셈이잖아요. 아이템 획득! 그렇게 생각하면……."

"아니, 그거랑 이거는 좀 다른 것 같은데……."

한강철은 자신의 황당한 처지를 몰라 주는 듯한 세라 요정에게

정보 쏙쏙

무지(無知)의 베일

우리는 다른 사람들과 더불어 살아가려면 서로 지켜야 하는 약속이나 질서가 꼭 필요해요. 이때 사람들은 자신에게 조금이라도 유리한 규칙을 만들고 싶어 하지요. 그런데 만약 모든 사람들이 자신이 속한 계층, 출신 배경, 가족 관계, 재산, 성별, 인종, 건강, 종교 등에 대해 하나도 모른다면 어떻게 될까요? 이렇게 자신의 위치나 입장에 대해 결정권은 있지만, 그 결과가 자신에게 유리한지 불리한지 전혀 모르는 상태를 '무지의 베일'을 썼다고 말해요.

『정의론』을 쓴 존 롤스는 사람들이 무지의 베일을 쓰고 '정의의 원칙'에 합의한다면 가장 이성적이고 합리적인 결론에 도달할 수 있다고 보았어요. 존 롤스는 두 가지 정의의 원칙을 만들었는데, 첫 번째 원칙은 모든 사람이 언론, 사상, 종교, 신체 등 기본적인 자유와 평등한 권리를 가진다는 거예요. 단, 사람들이 저마다 지닌 차이는 인정해야 한다고 보았어요. 태어날 때부터 건강한 사람이 있고 약한 사람이 있듯이, 사회적·경제적 불평등은 허용되어야 한다는 것이지요. 두 번째 원칙은 이러한 불평등 때문에 가장 불리한 입장을 가진 사람의 편의를 최대한 보장해 주어야 한다는 거예요. 비록 불평등한 위치에서 태어났다 하더라도 그 위치를 바꿀 수 있는 공정한 기회를 주어야 한다는 거죠. 이를 '기회의 균등'이라고 한답니다.

볼멘소리를 하며 발을 동동 굴렀어요. 그러다 그만 발을 헛디디면서 몸을 비틀거렸지요.

그러자 세라 요정이 잽싸게 다가와 한강철을 부축해 주었어요.

"장로님께서는 다 생각이 있으세요. 그러니 너무 걱정 말아요."

현장 실습 허가서

요정들의 세계는 참 신기했어요. 한강철은 분명 '무지의 베일'로 눈을 가렸는데도 생활하는 데 아무 문제가 없었지요. 더더욱 이상한 점은, 분명 보이긴 하지만 또 아무것도 보이지 않기도 했어요. 그러니까 상대가 사람인지 동물인지는 구별할 수 있는데, 여자인지 남자인지는 알 수 없었고 나이가 많은지 적은지도 판단하기 어려웠어요. 또 상대방의 외모에 대해서도 예쁘다든지 못생겼다든지 하는 생각이 전혀 들지 않았지요. 울퉁불퉁한 근육이 많으니 힘이 세겠다거나 성격이 급해 보인다거나 사나워 보인다는 등 어림짐작하는 일도 사라졌답니다.

며칠이 지나자 한강철은 무지의 베일을 쓰고 생활하는 데 금세 익숙해졌어요. 아직 수습 요정이긴 하지만 어느새 몸도 많이 가

벼워지고 날개가 생기려는지 등이 간질간질했어요.

"한강철 씨, 한강철 씨!"

세라 요정이 환하게 웃으며 다가오더니 종이 한 장을 내밀었어요.

"드디어 현장 실습 허가서가 나왔어요."

"응, 그게 뭔데?"

한강철은 무슨 상황인지 몰라 고개를 갸웃했어요. 하지만 세라 요정의 목소리로 짐작하건대 기쁜 일인 것 같았지요.

"한강철 씨가 원하던 초능력 말이에요. 현장에 나가서 그 능력을 발휘할 기회가 온 거라고요."

"초능력? 어, 그러니까 나도 이제 너처럼 사람들의 소원을 이뤄 줄 수 있다는 거야? 내 맘대로?"

"네. 하지만 완전히 한강철 씨 맘대로는 아니에요. 세상의 에너지들을 스스로 판단해서 옮길 수는 있지만, 이후 요정 학교에 반드시 보고서를 제출해야 하거든요. 피해를 보는 사람 없이, 타당하고 정당하게 일을 처리했다는 보고서요."

그 말에 한강철은 초능력을 얻게 되어 들떴던 마음이 살짝 가라앉는 것 같았어요.

"만약 나의 결정에 불만이 있거나 억울해하는 사람이 많다면,

그러니까 정당하지 않으면 어떻게 되는 거야?"

"에너지를 옮기는 능력을 잃게 돼요. 그걸 인간 세상에서는 '해고'라고 하죠."

세라 요정은 너무 당연한 걸 물어본다는 듯한 얼굴로 대답하고는 말을 이었어요.

"어서 교무실에 가서 '에너지 운반 교환권'을 받아 오세요!"

존 롤스 vs 마이클 샌델

존 롤스는 모든 사람이 자유와 평등의 권리를 가지지만, 서로 다른 차이를 인정하고 그에 따른 불평등도 허용해야 된다고 했어요. 단, 불평등이 존재한다면 그 사회에서 가장 혜택을 받지 못하는 사람에게 가장 큰 이익이 돌아갈 때 정의가 실현된다고 보았지요. 이것이 바로 존 롤스가 생각하는 정의의 원칙이에요.

그런데 존 롤스와는 다른 견해를 보인 사람이 있어요. 미국의 철학자 마이클 샌델은 『정의의 한계』라는 책을 통해 '정의는 타인과 더불어 사는 현실 속에서 찾고 이해해야 한다.'고 주장했지요. 존 롤스는 정의의 원칙에 합의하기 위해서는 사람들이 '무지의 베일'을 써야 한다고 했지만, 마이클 샌델은 존 롤스가 내세운 가상의 조건은 각각의 사람들이 지닌 사회적 가치를 무시한 행위라고 보았어요. 실제로 개인과 사회는 서로 떼려야 뗄 수 없기 때문에 이성적인 판단만으로는 정의를 규정지을 수 없다고 보았어요. 마이클 샌델은 사람들이 각자 생각하는 사랑과 우정의 가치, 종교적 신념 등이 다르기 때문에 정의 역시 이러한 개인의 사회적 가치에 따라 다르게 표현된다고 보았답니다.

수직적인 세상 vs 수평적인 세상

사람들은 저마다 중요하게 여기는 사회적 가치와 신념이 달라요. 그에 따라 각자 생각하는 '정의로운 세상'의 모습도 다르답니다. 보통 아래와 같이 두 가지로 의견이 나뉘지요. 여러분이 생각하는 정의로운 세상은 어떤 모습인가요?

1 사회에는 수직적인 질서가 있기 때문에 각 개인이 지닌 능력과 가치에 따라 다르게 대우받는 게 정의롭다고 생각해요. 이러한 차등적 질서를 받아들이고 그에 따라 만들어진 법과 규칙을 지키는 게 정의로운 사람인 거지요. 이 규칙을 지키지 않는 사람은 처벌받아 마땅하다고 여겨요.

세상에는 강자와 약자가 존재한다.

강자가 약자 위에 군림하는 것이 자연의 법칙이듯이, 강자와 약자를 다르게 대우하는 것도 정당한 일이다.

수직적인 세상

정의로운 세상

평등   공정

2 기본적으로 세상은 평등하다고 생각해요. 신분, 성별, 인종, 빈부의 차이는 있지만 이는 모두 강자들이 인위적으로 만든 것이라고 보아요. 그래서 모든 인간이 절대적으로 갖는 권리인 인권을 바탕으로 차별이 없는 수평적인 관계를 만들어 나가는 것이 정의로운 세상이라고 말해요.

> 세상에 나와 똑같은 사람은 없고, 세상의 모든 것은 서로 다르다.

> 그러나 모든 사람은 자연이 부여한 절대적인 인권을 가진다.

> 수평적인 세상

> 정의로운 세상

토론왕 되기

부자가 세금을 더 많이 내는 것은 정의로운가요?

최근 부자는 더 많은 돈을 벌어들이고, 가난한 사람은 수입이 점점 더 줄어드는 현상이 두드러지고 있어요. 우리나라는 소득이 높은 사람에게 더 많은 세금을 부과하고 있는데 이것이 과연 정의로운지 함께 이야기해 보아요.

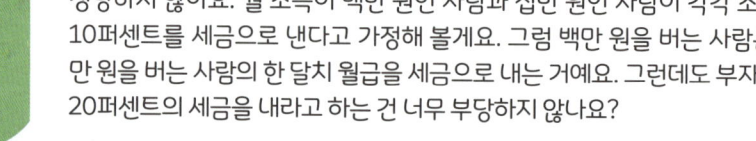

정당하지 않아요. 월 소득이 백만 원인 사람과 십만 원인 사람이 각각 소득의 10퍼센트를 세금으로 낸다고 가정해 볼게요. 그럼 백만 원을 버는 사람은 십만 원을 버는 사람의 한 달치 월급을 세금으로 내는 거예요. 그런데도 부자에게 20퍼센트의 세금을 내라고 하는 건 너무 부당하지 않나요?

그렇지 않습니다. 애초에 십만 원을 투자해서 벌 수 있는 돈과 백만 원을 투자해서 버는 돈이 다릅니다. 돈의 액수뿐만 아니라 투자할 수 있는 기회도 다르지요.

돈을 벌 수 있는 기회를 만드는 것은 개인의 능력입니다. 또한 정의의 중요한 원칙 중 하나가 자유이며, 따라서 투자의 자유는 누구에게나 있습니다. 위험 부담을 무릅쓰고 투자한 사람이 그 대가를 받는 게 맞아요.

돈을 벌 수 있는 기회는 개인의 능력보다 개인을 둘러싼 환경에서 더 많이 발생합니다. 투자에 대한 좋은 정보와 기회가 모든 사람에게 평등했다고 할 수 없습니다. 돈을 벌 수 있다는 걸 뻔히 알면서도 투자할 돈이 없어서 놓치는 것이 현실이에요.

내가 고생해서 번 돈이 가난한 사람들에게 돌아간다면 누가 열심히 일할까요? 결국 다 같이 가난해질 거예요. 사회 전체의 이익을 위해서라도 온전히 자신의 몫을 가져야 합니다.

백만 원 중 오십만 원을 세금으로 낸다 해도, 십만 원을 가진 사람보다 재산이 월등하게 많습니다. 부자는 그 돈으로 또다시 투자해 수익이 계속 불어날 것이고, 못 가진 사람과의 격차가 더 벌어질 겁니다. 그러면 못 가진 사람은 점차 가진 사람의 노예가 될 거예요. 이건 결코 정의로운 사회가 아니에요.

음……, 그렇네요. 부자들의 세금이 빈부 격차를 줄이는 데 쓰인다면 의미 있는 일이 될 것 같아요.

그럼 공공의 자산, 즉 세금으로 가난한 사람들도 부유해질 수 있는 기회를 만들 수 있겠군요.

네, 모두 가난해지는 게 아니라 다 같이 잘 살 수 있는 공평한 기회를 주는 것이라고 생각합니다. 결국 모두가 함께 행복해지는 일이고요. 정의란 모두 행복해지기 위해 꼭 필요한 가치입니다.

나도 토론왕

미국의 명문대 프리스턴 대학은 학비가 비싸요. 성적이 뛰어나도 돈이 없으면 진학할 수 없지요. 즉, 학비를 낼 수 있는 부유한 학생들에게 더 많은 기회가 주어져요. 이처럼 가난한 사람이 경제적인 이유로 교육받을 기회를 놓치는 것이 정당한가요? 여러분의 생각과 그 이유를 함께 이야기해 보아요.

아래의 내용에서 빈칸에 들어갈 알맞은 낱말을 찾아 써 보세요.

1 결정권은 있지만 자신의 위치나 입장에 대해 전혀 모르는 상태를 ☐☐☐ ☐☐이라고 해요.

2 미국의 철학자 마이클 샌델은 사람마다 중시하는 신념과 가치가 다르기 때문에 정의도 개인의 ☐☐☐ ☐☐에 따라 다르게 표현된다고 보았어요.

정답
❶ 무지의 베일 ❷ 사회적 가치

4

정의의 용사 한강철

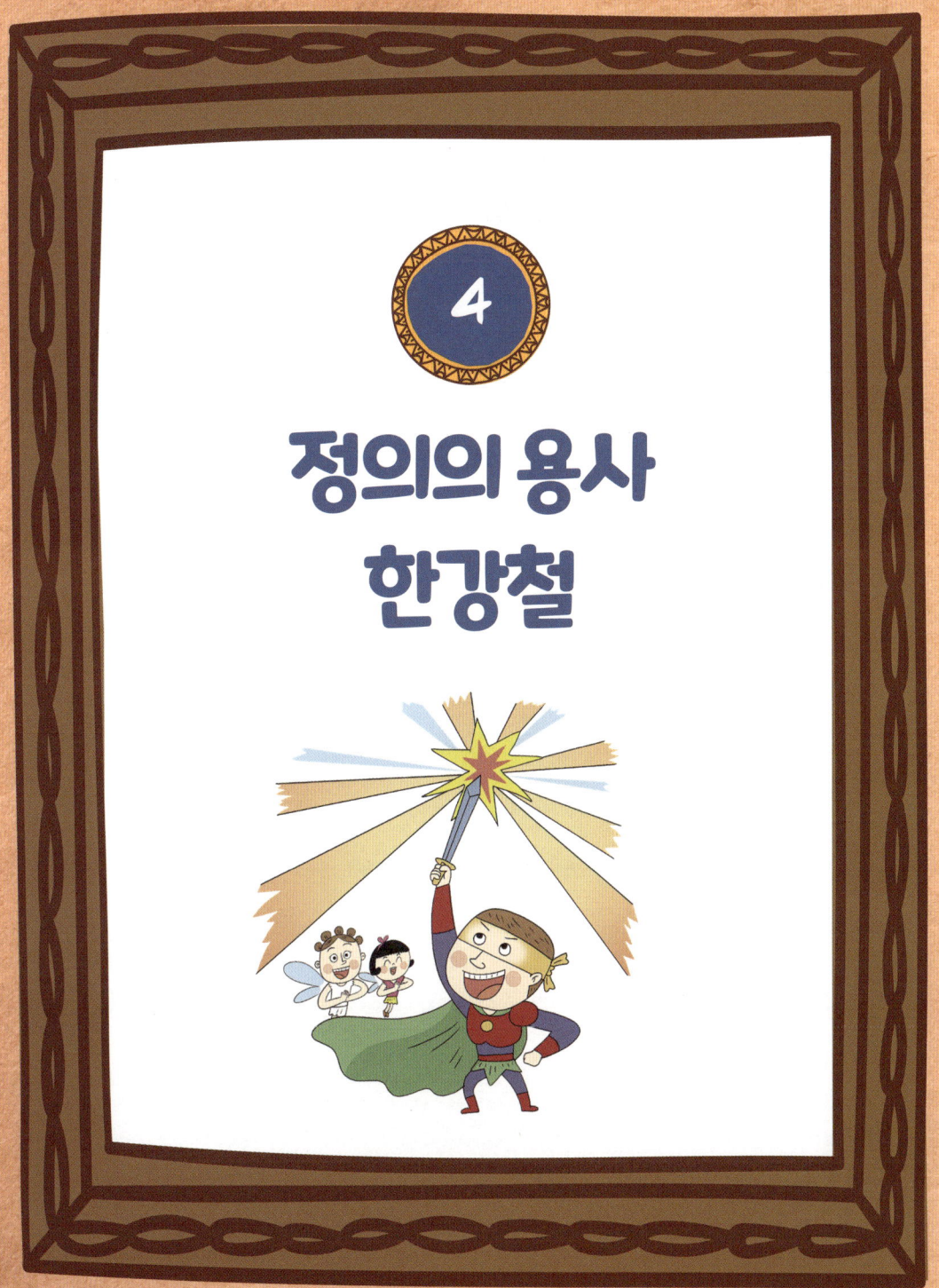

⚖️ 요정 학교의 다양한 동아리

한강철은 요정 학교 교무실에서 세상의 에너지를 옮길 수 있는 '에너지 운반 교환권' 세 장을 받았어요. 그러니까 세 명의 소원을 들어줄 수 있었지요. 물론 잘못하면 한 가지 소원에 세 장의 교환권을 다 쓰는 일이 생길 수도 있었어요. 그래서 신중하게 생각해야겠다고 다짐하면서 교무실 문을 열고 나오는데, 바로 코앞에 해골이 떡하니 버티고 있지 뭐예요!

"으악, 깜짝이야!"

한강철이 비명을 질렀어요.

"한강철 씨, 동아리 아직 가입 안 했죠? 우리 오컬트(과학적으로 해

명할 수 없는 초자연적 현상) 동아리 어때요? 여기 들어오면 물품들을 자유롭게 쓸 수 있고, 에너지 운반 작업도 동아리 사람들이 적극적으로 도와줄 거예요."

해골이 한강철에게 얼굴을 바짝 들이며 말했어요.

하지만 오컬트 동아리는 한강철의 취향에 전혀 맞지 않았어요. 그래서 고개를 설레설레 저었지요. 곧이어 한 요정이 주변을 분홍빛으로 물들이며 살랑살랑 날아왔어요.

"우리 러브러브 동아리로 와요. 동아리 회원이 되면 사랑의 화살을 사용할 수 있어요. 운명의 상대를 만날 수 있는 근사한 방법을 가르쳐 줄게요."

그때 날카로운 목소리가 끼어들었어요.

"무슨 소리! 한강철 씨는 지혜의 동아리에 오고 싶을 거야. 지혜가 많을수록 세상의 에너지를 찾을 때 도움이 된다고. 한강철 씨, 당신에게 실질적인 도움을 줄 지혜의 책을 실컷 보고 싶지 않나요? 마법사들의 초청 강연도 종종 열린답니다."

지혜의 동아리 요정이 한강철의 귀에 대고 속닥거렸어요.

그 뒤로도 온갖 요정들이 한강철의 소맷자락을 잡아끌면서 자신들의 동아리에 들어오라고 권했지요.

"어……, 일단은 어떤 동아리들이 있나 둘러볼게요."

　한강철은 세라 요정과 함께 각 동아리가 보유하고 있는 여러 가지 물품들을 구경했어요.

　"세라, 너는 동아리가 뭐야?"

　"저는 동아리에 가입 안 했어요. 무슨 단체니 소속이니 딱 질색이에요."

　세라는 그렇게 말하고는 지혜의 동아리 물건인 지팡이를 이리저리 살피더니 휙익 휘둘렀어요.

"그래도 물건들을 구경하는 건 재미있네요."

요정 학교에서 현장 실습 허가서가 나온다는 건 곧 신입 요정이 탄생한다는 뜻이었어요. 이 소식이 학교 안에 퍼지면 요정들은 지혜의 책, 행운의 네잎 클로버, 무적의 망치, 자와 컴퍼스, 도끼, 지팡이, 칼, 방패 등 자신들의 동아리가 보유한 특별한 물건들을 선보이며 신입 요정 유치에 정성을 쏟았어요. 그럴 때면 평소 조용하던 요정 학교가 시장처럼 시끌벅적해지곤 했지요.

한강철은 코가 길어지게 만드는 빨간 부채와 다시 줄어들게 하는 파란 부채를 들고 세라 요정에게 장난을 쳤어요. 그러던 중 크고 기다란 칼을 발견했어요.

"어, 이건……."

칼은 대형 마트에서 쉽게 살 수 있는 긴 장난감 칼과 비슷했어요. 그런데 자세히 보니 한강철이 어린 시절 자주 하던 온라인 게임 속 용사가 늘 지니고 다니던 칼과 비슷했어요. 용사가 이 전설의 칼로 악의 무리를 무찌르는 모습은 정말로 멋졌지요. 한강철은 가상의 게임 속에만 존재하는 줄 알았던 칼을 마주하자 가슴이 마구 뛰었어요. 이 칼만 있으면 왠지 자신도 게임 속 용사가 될 수 있을 것 같았지요.

한강철은 칼을 높이 치켜들었어요. 실제로 가져 보지 못한 칼을 움켜쥐자 정의심이 불타올랐지요.

"멋지죠? 이건 응징의 칼이랍니다."

한 요정이 상냥하게 웃으며 다가오더니, 잽싸게 한강철의 허리에 칼을 꽂을 수 있는 벨트를 둘러 주었어요.

"우리 동아리는 제복도 있답니다."

요정이 손가락을 튕기자, 한강철은 어느새 멋진 갑옷 차림으로 변신했지요.

"우아! 멋져요. 꼭 무적의 용사처럼 보이네요."

세라 요정이 한강철을 이리저리 살피며 탄성을 질렀어요.

한강철은 더 고민할 것도 없이 바로 결정했어요.

"이 동아리에 가입하겠습니다."

그러자 다른 동아리 요정들이 순식간에 자취를 감추었고, 한 무리의 요정들이 나타나 꽃을 뿌리며 축하해 주었어요.

"당신은 이제 정의의 동아리 회원입니다. 환영합니다."

한강철은 그렇게 '정의의 용사'가 되었어요. 요정들은 '무지의 베일'을 안대처럼 두르고 허리춤에는 기다란 칼을 찬 한강철을 보더니 요정보다는 용사가 더 어울린다며, 용사님이라고 불러 주었지요. 한강철도 자신의 근사한 모습이 무척 흡족했답니다.

'정의의 용사 한강철. 드디어 현장 실습이다!'

⚖️ 아주 이상한 소원

한 남학생이 좁고 허름한 방 안에 쓰러져 있었어요.
"이봐, 학생."
학생은 낯선 목소리에 실눈을 떴다가 이내 눈을 꾹 감았어요.
'나를 보고 놀라지도 않네? 무려 요정, 아니 용사가 나타났는데…….'
하지만 한강철은 무지의 베일을 쓰고 있어서 학생에 대해 어떤 것도 알 수 없었어요.
"나는 학생의 소원을 들어주려고 왔어."
한강철이 나직이 속삭였지만 학생의 반응은 시큰둥했어요.
"왜요?"
그리고 보니 한강철은 소원 요정들이 왜 사람들의 소원을 들어주는 것인지 한 번도 생각해 보지 않았어요. 그나마 세라 요정은 한강철이 목숨을 구해 준 것에 대한 보답이라고 하니 이해가 되었는데, 한강철은 딱히 내세울 이유가 없었지요. 요정 학교에서 현장 실습을 나가라고 해서 왔을 뿐이었어요.
'그런데 왜 하필 이 학생이 선택된 거지? 세상에 힘들게 사는 사람이 얼마나 많은데…….'

한강철은 확실하지 않지만, 자신이 무지의 베일을 쓰고 있어서 누구의 사정이 더 절박한지 판단하지 못해 무작위로 이 학생이 선택된 게 아닐까 짐작했어요.

"어……, 학생의 절박한 사정과 절실함이 소원 요정 세계에 닿아서 이렇게 찾아왔어. 얼른 소원을 말해 봐."

한강철은 무지의 베일을 얘기할 수 없어 대충 둘러댔어요.

하지만 학생은 여전히 말이 없었어요.

"어서 말해 봐. 뭐든 좋으니까."

"내 소원은……. 이 세상이 사라져 버렸으면 좋겠어요. 이런 세상 따윈 없어져야 해요!"

학생이 갑자기 버럭버럭 고함을 질러 댔어요.

한강철은 급작스레 돌변한 학생의 태도에 무척 당황했어요.

"이봐, 학생……. 제발 진정 좀 해. 그리고 세상을 사라지게 해 달라니, 그런 요상한 소원이 어디 있어? 그러지 말고 다른 소원을 생각해 봐. 평소에 가지고 싶었던 거 없어?"

한강철은 몹시 흥분한 학생을 달래려고 애썼지만, 학생은 길길이 화를 내며 세상을 사라지게 해 달라는 말만 되풀이했어요.

"뭐든 소원을 들어준다면서요. 지금 나한테 거짓말한 거예요?"

"저기……, 그건 내 능력으로는 어려워서……."

"그럼, 그딴 말은 왜 한 거예요? 책임지지도 못할 거면서."

한강철은 어떻게 해야 할지 몰라 안절부절했어요. 그러다 문득 좋은 생각이 떠올랐지요.

'그래! 정의의 동아리 요정들에게 도움을 받아야겠다.'

한강철은 학생의 손을 잡고 정의의 동아리 방으로 날아갔어요.

세라 요정의 **정의 톡톡**

정의의 여신, 디케

사람들은 아주 오래전부터 '정의'가 사회의 질서를 바로잡는 가치라고 생각했어요. 그래서 정의가 실현될 수 있도록 법을 만들어 모든 사회 구성원들이 따르도록 했지요. 따라서 정의의 여신은 곧 법의 여신이기도 해요.

정의의 여신은 한 손에 저울을 들고, 또 다른 손에는 칼을 든 채 안대로 눈을 가리고 있어요. 칼은 질서를 따르지 않는 자에게 벌을 주기 위해, 저울과 안대는 공평함의 상징이지요. 그리스 신화에 의하면 인간 세계에 온갖 불법과 계략, 음모가 판을 치자 신들이 인간을 떠나갔는데, 단 한 사람 디케(Dike) 여신은 오랫동안 인간 세계에 남아 정의를 호소하였다고 해요. 그러다 인간의 악행이 더는 참을 수 없을 만큼 극에 달하자, 하늘로 올라가 처녀자리가 되었으며 자신이 들고 있던 천칭을 하늘에 걸어 천칭자리를 만들었다고 합니다.

정의의 여신 디케

시대와 지역에 따라 다른 정의

사람들 사이에 갈등이 생기면 피해자에게는 보상을, 가해자에게는 처벌을 내려 분쟁을 공정하게 해결해야 해요. 이렇게 사회 구성원 간의 분란을 잘 해결하는 것이 사회 정의를 실현하는 것이기도 하지요. 그런데 사회 정의의 실현은 각 시대와 지역에 따라 그 방법이 조금씩 달랐어요. 함께 살펴볼까요?

고대 바빌로니아 : 눈에는 눈, 이에는 이!

함무라비 왕은 함무라비 법전을 만들어 피해자들이 보상금을 받을 수 있게 해 주었어요. 가해자가 보상금을 내지 않으면 왕이 피해자를 대신해 응징했지요. 예를 들어 어떤 사람이 가축을 한 마리 훔쳤을 때 그 가축이 신전의 소유라면 30배를, 농노의 소유라면 10배를 갚아야 했어요. 갚을 능력이 없다면 목숨을 내놓아야 했지요.

고대 그리스 : 보상 대신 처벌!

그리스 사람들은 부자가 죽으면 많은 돈을 받고, 노예가 죽으면 아주 적은 돈을 받는 보상 제도가 정의롭지 못하다고 생각했어요.

드라콘 (고대 아테네의 법률가, 최초의 성문법인 '드라콘의 법' 제정)
부자든 가난한 자든 똑같이 보상하게 한다. 죗값은 무조건 사형이다. 살인해도 사형, 도둑질도 사형, 공공질서를 파괴해도 사형!

솔론 (고대 아테네의 정치가, 가혹했던 드라콘의 법을 개정함)
드라콘의 법은 너무 살벌하다. 살인과 반역죄는 사형에 처하되, 나머지 죄는 죄질에 따라 합리적으로 처벌한다.

11세기 영국 : 피해 보상은 왕에게 하라!

왕은 평화를 수호하는 책임이 있고, 평화를 위반하는 자는 왕에게 벌금을 내야 했어요. 가령 도둑이 다른 사람의 물건을 훔치다 적발되면 피해자가 아닌 왕에게 벌금을 냈어요.

근대 이전 : 범죄자에게는 가혹한 처벌을!

범죄자를 공개적으로 채찍질하거나 처형했지만 범죄는 좀처럼 줄어들지 않았어요. 오히려 인간성 존중이 대두되면서 사회 질서와 평화가 위협받자 범죄자들을 사회에서 격리시키기 위해 감옥에 수감했지요.

근대 이후 : 범죄자들을 갱생시키자!

수감자들을 처벌하기보다 사회 적응 훈련을 시키고 치료를 해 주었어요. 그것이 사회 전체에 더 이익이라고 생각했어요.

함무라비 법전 윗부분의 부조와 쐐기 문자로 새겨진 법전의 일부

토론왕 되기

법은 정의의 원칙에 따라 만들어진 걸까요?

법이 있기 때문에 우리 사회는 질서를 유지할 수 있어요. 그런데 이 법이 과연 정의의 원칙에 따라 만들어진 것일까요?

그렇습니다. 법은 그 시대의 정의를 보여 주는 것이지요.

 그렇지 않아요. 법은 정의의 원칙이 아니라 그 시대의 권력자들에 의해 만들어집니다.

하지만 시대의 정의를 담지 못한 법은 결국 사라지기 마련입니다. "짐이 곧 국가다."라고 말한 프랑스 국왕 루이 14세는 자신의 말이 곧 법이자 정의라고 했지요. 하지만 이 법은 정의롭지 못했기 때문에 오래 가지 못했습니다. 이 예만 봐도 법은 그 시대의 정의라는 것을 알 수 있습니다.

 중국 공자가 살던 시대에는 '인(仁)', 즉 어진 사람이 정의로운 사람이었습니다. 도둑질한 아버지를 관청에 고발한 아들은 법을 잘 지켰지만 정의롭지 못했습니다. 법의 가치와 정의의 가치가 확연히 다르다는 것을 보여 주는 사례입니다.

오늘날 우리 법을 보면 범죄자의 가족이 경찰에 신고하지 않는다 해도 처벌하지 않습니다. 법 제도 안에 정의의 가치를 담겨 있는 것이지요.

하지만 사람마다 생각하는 정의의 가치가 다른데, 어떻게 모두가 지켜야 하는 법에 정의의 원칙을 적용할 수 있지요? 법이 곧 정의라면 법에도 정의의 원칙처럼 반드시 지켜야 하는 것들이 있어야 해요.

법은 신분, 재산, 지위 등이 다르다고 해서 사회 구성원을 차별하지 않습니다. 법을 만든 사람조차 그 법에 따라 처벌받은 수많은 사례가 있습니다.

 그럼 법이 정의의 원칙에 어긋난다면 법을 지키지 않아도 될까요?

법을 바꾸도록 노력해야겠지요. 어쨌든 사람이 만든 제도이다 보니 오류가 있을 수 있지요. 그래서 법은 사라지기도 하고 새롭게 만들어지기도 합니다. 정의가 시대와 장소에 따라 다르듯 법 또한 변화합니다. 분명한 것은, 법은 정의를 실현하기 위한 제도입니다. 정의가 달라지면 법도 달라지고, 그에 따라 새로운 제도도 만들어진다고 생각합니다.

나도 토론왕 아버지가 오랜만에 집에 찾아온 아들을 반갑게 맞습니다. 그런데 알고 보니 아들은 살인죄를 저지르고 집으로 도망쳐 온 거였어요. 만약 여러분이 아버지라면 아들을 몰래 숨겨 줄 건가요? 아니면 경찰에 신고할 건가요? 여러분의 생각과 그 이유를 함께 이야기해 보아요.

퀴즈

성원이네 반 아이들이 정의의 원칙과 가치에 대해 이야기하고 있어요. 옳지 않은 말을 하는 친구를 찾아 바르게 고쳐 주세요.

❶ **세찬** 우리 할머니는 여자라서 고등학교를 가지 못했대. 성별에 상관없이 교육받을 수 있는 기회를 공평하게 주어야 한다고 생각해.

❷ **재석** 우리 동네 공공 도서관을 지을 때, 구청장님이 큰돈을 기부하셨대. 그러니까 구청장님이 도서관의 주인이나 마찬가지야.

❸ **소민** 학급 회의 때 다수결의 원칙으로 결정하는 경우가 많지만, 소수 의견에도 항상 귀를 기울여야 해. 소수 의견이 틀린 건 아니니까.

❹ **지효** 내가 병원에 먼저 도착했더라도 응급 환자가 오면 순서를 양보해야 해.

정답
❷ 재석 - 공공 도서관은 개인의 소유가 아니라, 장애인 이용 수칙에 따라 남녀노소 누구나 이용해야 하는 공동 시설이다.

5

학생의 진짜 소원

⚖️ 그런 소원은 들어줄 수 없어

   한강철은 학생과 함께 정의의 동아리 방에 도착했어요. 곧이어 동아리 요정들과 머리를 맞대고 세상을 사라지게 해 달라는 학생의 소원을 어떻게 처리하면 좋을지 이야기했어요.
"음, 핵폭탄을 터뜨릴까?"
"아니야, 우주에서 행성을 끌고 와 지구에 부딪히게 하는 게 낫지."
   한 요정이 학생을 힐끔거리면서 소곤거렸어요.
"꼭 지구를 없애 달라는 말이 아닐 수도 있어. 가령 온 세상을 얼음으로 덮어 버린다든지 그런 건 어때?"

결국 결론을 내지 못하자, 한강철이 난감한 얼굴로 학생을 돌아보며 물었어요.

"학생, 조금만 더 구체적으로 얘기를 해 봐. 세상을 어떻게 하고 싶은 거야?"

하지만 학생은 입을 꾹 다문 채 아무 대꾸도 하지 않았어요. 한강철은 그런 학생을 보고 있자니 측은한 마음이 들었어요.

'대체 무슨 일을 겪었길래 세상이 사라지길 바라는 거지? 얼마나 힘이 들었으면 그런 생각을 했을까.'

한강철은 가슴이 답답해져서 정의의 동아리 요정들에게 학생을 맡겨 둔 채 밖으로 나왔어요.

그때 세라 요정이 다가와 물었어요.

"어떻게 하기로 했어요? 진짜 학생 말대로 세상을 사라지게 할 거예요?"

"아무리 소원이라도 그럴 순 없어······. 학생이랑 좀 더 얘기해서 어떻게든 마음을 돌려 봐야지."

한강철의 말에 세라 요정이 고개를 끄덕이고는 이어 말했어요.

"아무튼 학생은 지금 화가 단단히 난 것 같아요. 그런데 참 이상하죠? 제가 한강철 씨를 처음 봤을 때도 딱 저런 모습이었거든요. 세상에 대한 불만으로 엄청 툴툴거렸다고요."

"그래도 나는 세상을 사라지게 해 달라고 하진 않았어."

"물론 그렇죠. 아무튼 저 학생 소원이 좀 별나기는 해요."

한강철은 세라 요정을 만나기 전 자신의 모습이 어땠는지 곰곰 생각해 보았어요. 하는 일마다 실패의 연속이었고, 아무도 자신에게 관심조차 보이지 않아 쓸쓸했지요. 그러다 보니 가슴 속에 분노가 쌓여 툭하면 화를 내곤 했어요.

'하긴, 나도 그랬지. 그래서 힘들었던 거고. 그래, 어쩌면 학생의 진짜 소원은 따로 있을지 몰라!'

한강철은 다시 동아리 방으로 들어갔어요. 학생에게 따뜻한 차를 건네고 맛있는 음식을 가득 내왔지요. 그리고 자신도 얼마나 힘들게 살았는지 자세히 들려주었어요. 그러면 학생의 마음을 움직일 수 있을 것 같았거든요.

"대학에 갈 수 있는 성적이었지만 형편이 어려워서 학비를 마련 할 수 없었어. 결국 대학 진학을 포기하고 회사에 취직했는데, 아무리 열심히 일해도 큰돈을 벌기 어렵더라고. 그래서 몇 년 동안 힘들게 모은 돈으로 치킨 가게를 냈는데, 그것도 잘 안 됐어……."

한강철이 한참을 이야기하는 동안, 학생은 잠자코 듣기만 했어요. 그러다 마침내 퉁하니 한마디 던졌어요.

"아저씨 인생도 참 힘들었네요. 그러니까 그런 세상은 사라져야 한다고요."

"나, 아저씨 아니다. 정의의 용사라고."

"어휴, 유치해요."

한편 소원 요정들은 한강철과 학생을 멀뚱멀뚱 바라보았어요. 한강철이 대체 왜 자신의 이야기를 하는지 전혀 이해하지 못했지요.

마침내 학생이 슬슬 제 이야기를 꺼내기 시작했어요. 정말 한강철의 예상대로 학생의 간절한 소원은 따로 있었지요. 학생은 아주 가난한 집에서 태어났는데, 부모님과 자신 모두 명문대 입학을 간절히 바랐어요.

"명문대? 꼭 명문대여야 하는 이유가 있어?"

"아저씨 바보예요? 나처럼 가진 거 없는 사람은 학벌이라도 좋아야 취직이 잘 되죠. 좋은 데 취직해야 돈도 많이 벌고……. 아휴, 뭐든지 다 순서가 있는 법이라고요. 나는 그 일을 내 힘으로 꼭 해내고 싶었어요."

"명문대 졸업장이 없어도 열심히 노력하면 얼마든지 성공할 수 있어. 좋은 친구도 만날 수 있고, 부자가 된 사람도 많아."

하지만 학생은 어이가 없다는 듯 피식 웃고는 따지듯이 쏘아붙였어요.

세라 요정의 정의 톡톡

파이를 크게 만들면 내가 먹을 수 있는 파이도 커질까?

함께 나눠 먹을 파이가 클수록 각 개인이 먹을 수 있는 파이의 양도 당연히 클 거예요. 그래서 사회 구성원들은 협동하여 파이를 크게 키웠지요. 자, 이제 파이를 어떻게 나누면 좋을까요? 파이를 크게 키우는 데 많은 기여를 한 사람이 더 많이 가져가는 게 맞다고 생각할 거예요. 그런데 큰 파이를 차지한 사람이 이를 자식들에게 물려주었고, 자식들은 부모가 물려준 파이를 바탕으로 금세 더 큰 파이를 만들어 차지하게 되었어요. 이런 일이 반복되자 사회의 불평등이 심화되었고, '**빈익빈 부익부**'라는 말이 생겨났지요. 개인의 능력을 발휘해 부를 차지하는 경쟁은 인정하지만, 이미 경쟁의 조건부터가 불리하다면 아예 경기에 참여하려는 마음이 들지 않겠지요. 그래서 사회적 약자들에게 경기에 참여할 수 있는 기회를 더 많이 주려는 제도가 생겼어요. 얼핏 평등의 원칙에 어긋나 보이지만, 능력을 발휘할 기회조차 얻지 못하는 사람들이 많은 것을 생각하면 오히려 평등의 가치를 회복시키는 역할을 하고 있답니다.

"그건 다 옛날이야기예요. 아저씨 주변에 그런 사람이 있긴 해요? 백 명 중 한 명? 아니 천 명 중 한 명? 그럼 그 한 명 빼고 나머지는 다 어떻게 되었어요? 요즘은 태어날 때부터 신분이 정해져 있어요. 금수저, 은수저, 흙수저. 그런데 난……, 그 수저조차도 없다고요."

⚖ 명문대 입학의 꿈

이번에는 한강철이 입을 꾹 다물었어요. 학생의 이야기는 바로 한강철의 이야기였거든요. 학생의 삶이 얼마나 힘겨웠을지 누구보다 잘 알고 있었어요.

"공부를 조금만 더 열심히 하지 그랬어……."

한강철은 너무 속상한 마음에 한마디 했어요. 그러자 갑자기 학생이 울음을 터뜨렸어요.

"내가 얼마나 열심히 했는데요. 밤낮으로 엄청 노력했다고요. 하지만 다른 아이들이 학원에 다니고 깨끗한 스터디 카페에서 공부하는 동안, 나는 단칸방에서 허구한 날 싸우는 부모님과 함께 지내야 했고, 아르바이트도 해야 했어요. 그러니 그 애들이랑 경

쟁이 되겠어요? 그래도 나는 노력하면 될 줄 알았어요. 그래서 정말 열심히 공부해서 늘 1등을 놓치지 않았는데, 결국 명문대에 들어가지 못했어요. 지금 내가 선택할 수 있는 건 아르바이트로 학원비를 벌어서 재수하는 거예요. 반면 명문대에 들어간 애들은 이제부터 꽃길이 시작되겠죠. 홀가분하게 여행도 다니고 학비 걱정 없이 공부만 하면 되니까요."

한강철은 침을 꿀꺽 삼켰어요.

"그랬구나."

그때 동아리 요정들이 끼어들었어요.

"그러니까 학생의 진짜 소원은 명문대에 들어가는 거였네!"

"맞아, 진짜 소원은 세상이 사라지는 게 아니었어."

"아휴, 정말 세상이 없어지면 어쩌나 하고 엄청 걱정했어."

"그래, 대학 가면 되잖아. 우리가 그 소원 이뤄 줄게."

요정들은 어느새 학생을 명문대에 입학시키기 위해 분주하게 준비하기 시작했어요. 몇몇 요정은 사람들의 마음을 움직이게 하고, 몇몇 요정은 시간을 되돌릴 준비를 했어요. 그와 동시에 각 대학에 '소수자 전형 입학'이라는 제도를 만들었지요. 원칙적으로는 모두가 똑같이 시험을 치러 대학 합격 여부를 가려야 하지만, 처음부터 조건이 불리한 사람은 나름 특별한 혜택을 받는 제도가 바로 '소수자 전형 입학'이었어요. 예를 들어 달리기 경주를 하는데 누구는 차에 올라타 달리고, 누구는 맨몸으로 뛰어야 한다면 너무 불공평한 일이니까요. 그건 공정한 경쟁이라고 할 수 없었지요.

한강철은 모든 에너지를 완벽하게 배분하는 일에 에너지 운반 교환권 세 장을 모두 써야 했어요. 특히 시간을 되돌리는 일에 너무 많은 에너지가 필요했지요. 그래도 다행히 소원 요정들의 도움으로 소수자 전형 입학 제도를 만들었으니 분명 좋은 결과가 있을 거라고 여겼어요.

모든 준비가 끝나자 한강철이 허공에 칼을 멋지게 휘두르면서 외쳤어요.

"정의의 용사, 한강철이 명한다. 시간을 되돌려다오."

그러자 하얀 빛이 번쩍 허공을 가르더니 학생이 온데간데없이 사라졌어요. 인간 세계로 곧장 돌아간 것이지요. 정의의 동아리 요정들과 한강철은 유리구슬을 통해 학생이 대학 입학 시험을 치르는 모습을 지켜보았어요. 학생은 '농어촌 특별 전형'에 응시했고, 어느덧 대학 합격 발표일이 되었어요. 학생은 예상대로 당당히 합격하여 부모님과 얼싸안고 기뻐했어요.

"만세!"

정의의 동아리 요정들도 행복해하는 학생을 보면서 함께 기뻐

하며 외쳤어요.

　한강철도 현장 실습을 무사히 마치게 되어 마음이 뿌듯했지요. 한강철은 즐거운 마음으로 요정 학교에 제출할 현장 실습 보고서를 썼어요. 학생의 소원을 이뤄 준 과정을 하나하나 자세히 썼고, 동아리 요정들의 도움으로 소수자 전형 입학 제도를 만든 것을 특별히 강조했지요.

　"음, 요정들은 소원을 이렇게 들어주는구나. 그러고 보니 나도 좀 멋진 듯. 하하."

　학생은 이제 소원을 이루었으니 요정의 세계에서 정의의 용사 한강철을 만난 일을 기억하지 못할 거예요. 하지만 한강철은 전혀 서운하지 않았어요. 그저 학생이 예전보다는 세상을 좀 더 아름답게 바라볼 수 있기를 바랐어요.

세계 각국의 소수자 우대 정책

1960년대 미국에서는 인종, 성별, 장애 여부 등을 이유로 취업시 차별을 당하지 않도록 여러 가지 제도를 만들었어요. 처음에는 많은 사람들이 소수 집단에 특혜를 준다고 생각해서 저항도 있었지만 곧 환경이 불우한 집단으로까지 제도가 확장되었어요. 사회적 환경이 불우한 이유가 사회에도 책임이 있다고 보았기 때문이지요. 그래서 사회가 이들에게 다양한 기회를 제공하여 그에 대한 보상을 해야 한다고 여겼어요.

대표적인 예가 인종 차별 금지법과 미국 대학 입시에서 실시하고 있는 '소수자 우대 전형'이에요. 우리나라에서도 이 제도를 받아들여 대학 입시에서 여러 가지 특별 전형이 시행되고 있답니다.

소수자 우대 정책을 지지하는 시위대

중국은 한족이 인구의 약 90퍼센트를 차지하며, 나머지 10퍼센트가 소수 민족으로 이루어진 나라예요. 중국 정부는 그동안 소수 민족에게 세금 감면, 대학 입시 및 공무원 취업 시험 때 가산점 부여 혜택 등을 주었어요. 1억이 넘는 소수 민족에게도 기회를 공평하게 제공해 소수 민족 자치구의 지역 경제를 활성화시킨다는 취지였지요. 그러나 최근 한족이 '소수 민족에게 제공되는 혜택이 역차별'이라고 문제를 제기하면서 사회적 갈등을 겪고 있답니다.

중국의 소수 민족인 야오족

우리나라는 사회적 약자를 배려하고 사회 통합과 지역의 균형 발전을 위해 다음과 같은 정책이 시행되고 있어요.

- **지역 할당제** 교육 여건이 열악한 지방 학생에게 일정 비율의 입학 정원을 배정하여 대학 입학 기회 제공
- **여성 고용 할당제** 여성 공무원을 일정 비율 의무적으로 채용하는 제도
- **장애인 의무 고용제** 사업주에게 장애인을 의무적으로 고용하게 하는 제도

토론왕 되기

부자에게도 무상 급식을 줘야 하나요?

정의를 실현하기 위해 노력하는 이유는 행복한 사회를 만들기 위해서입니다. 그런 의미에서 복지를 사회 정의의 한 부분으로 보고 있지요. 그런데 복지 기금의 사용 범위를 부자에게까지 넓힐 필요가 있을까요?

굳이 그럴 필요가 없다고 생각합니다. 초등학교 무상 급식의 경우, 부자들에게는 자식들의 급식비가 얼마나 사소한 비용이겠습니까? 차라리 한정된 복지 기금으로 다른 혜택을 확대하는 게 합리적입니다.

자격이나 조건에 상관없이 모든 사람에게 주어지는 복지를 보편 복지라고 합니다. 즉, 소득에 따라 차별을 해서는 안 됩니다. 만약 소득에 따라 복지 혜택을 정한다면 소득의 기준을 어떻게 잡지요? 뿐만 아니라 복지를 받는 사람과 받지 못하는 사람 간에 차별도 생깁니다. 우월감 또는 부끄러움을 줄 수 있어요.

하지만 실제로 부자들에게는 무상 급식 같은 보편 복지가 큰 도움이 되지 않습니다. 아무 효용 가치가 없는 일에 돈을 쓸 필요가 없지요.

그렇더라도 보편 복지는 계속 이뤄져야 합니다. 복지는 상대가 가난하거나 불쌍해서 도와주는 것이 아닙니다. 옛날에는 부자가 불쌍한 사람들을 도와주는 적선이 많았지요. 적선을 받은 사람은 베푼 사람에게 감사를 표시해야 했고, 더 나아가 은혜를 갚으라는 요구를 받기도 했습니다.

받은 게 있으면 돌려주고 싶은 게 자연스러운 마음 아닌가요?

 물론입니다. 그래서 특정 개인에게 도움을 받기보다 사회적 비용으로 복지 혜택을 받아야 합니다. 내가 받은 복지 혜택이 도움이 되었다면 나도 사회를 위해 기꺼이 복지 기금을 내려고 할 것입니다. 우리 사회는 이러한 순환 구조가 필요합니다.

복지와 적선은 개념이 서로 다른 것이었군요.

 네, 그렇습니다. 물론 한강철 씨 말처럼 특수한 어려움에 처해 도움을 필요로 하는 사람들이 있지요. 특별한 조건과 자격이 될 때 받을 수 있는 선별적 복지도 놓쳐서는 안 될 것입니다.

네. 복지란 의무이자 권리이기도 하군요. 그럼 학교 무상 급식은 보편 복지이기 때문에 모든 사람이 혜택을 받는 것이 당연하다고 결론을 내겠습니다.

나도 토론왕

우리나라 정부는 2020년 전 세계를 덮친 코로나19로 어려움을 겪은 대한민국 모든 국민에게 긴급 재난 지원금을 제공했어요. 이를 통해 부자와 가난한 사람 모두 혜택을 받았지요. 이 보편 복지는 합당한 결정이었나요? 여러분의 생각과 그 이유를 함께 이야기해 보아요.

퀴즈

아래는 우리나라의 소수자 우대 정책과 그에 관한 설명이에요. 잘 읽고 해당되는 것끼리 바르게 연결하세요.

1. 농어촌 학생 전형

2. 사회적 배려 대상자 전형

3. 여성 공무원 채용 목표제

4. 장애인 의무 고용제

a. 한 부모 가정, 조손 가정, 장애인 가정 등 사회적으로 배려해야 할 학생에게 진학 기회를 부여하는 전형

b. 사업주에게 근로자 총수의 2~3퍼센트에 해당하는 장애인을 의무적으로 고용하는 제도

c. 읍, 면에 소재하는 농어촌 고교에서 전 교육 과정을 이수한 학생을 선발 대상으로 하는 전형

d. 여성의 공무원 진출 비율을 높이고자 한 제도

정답: 1.c, 2.a, 3.d, 4.b

6

그건 역차별이에요

⚖️ 예상치 못한 피해자

한강철은 현장 실습을 잘 해낸 것 같아 마냥 기뻤어요.

세라 요정이 빙긋이 웃고 있는 한강철에게 물었어요.

"한강철 씨, 행복하세요?"

"응, 너무 행복해. 누군가의 소원을 들어주는 게 이렇게 보람찬 일인 줄 몰랐어."

그러자 세라 요정이 두 팔을 번쩍 들어 올리며 외쳤어요.

"임무 성공! 행복하게 해 달라고 했던 한강철 씨 소원을 이뤄 드렸으니까요."

한강철은 그제서야 자신이 말했던 소원이 기억났어요. 그와 동시에 문득 가슴 한쪽이 서늘해졌지요.

"어, 맞다. 그랬었지. 그럼 난 그때 죽은 거야? 그래서 요정, 아니 용사로 다시 태어난 거고?"

"음, 곧 선택하셔야죠. 아직 결정된 건 없어요. 요정으로 살지, 다시 인간 세계로 갈지. 아마 인간 세계로 가시면 소원을 이뤄 주는 초능력은 사라질 거예요. 그리고 저랑 만났던 기억도 다 깨끗하게 지워지는 거 알죠?"

"난 당연히……, 정의의 용사로 남을 거야. 내가 살던 세상에는 아무 희망도 없었으니까. 난 여기가 더 좋아."

"그럼……, 요정 학교를 반드시 졸업해야 정식으로 소원 요정이 될 수 있어요. 졸업 못 하면 요정이 될 수 없다고요. 할 수 있겠어요?"

'졸업을 못 하면 다시 한강철이 되는 건가?'

한강철은 갑자기 마음이 불안해졌어요.

그때 한 요정이 다가와 장로님과 시험 요정들이 한강철을 기다리고 있다고 알려 주었어요.

"한강철 씨, 지금 바로 회의장으로 가 보세요."

'교무실이 아니라 회의장……? 현장 실습 결과가 나온 듯한데, 설마 불합격은 아니겠지? 정의의 동아리 요정들도 열심히 도와줬으니 별일 없을 거야…….'

한강철은 불안한 마음을 진정시키며 얼른 회의장으로 향했어요.

회의장에는 장로님과 시험 요정들 외에 정의의 동아리 요정들도 모두 모여 있었어요. 그런데 그들 사이에 학생처럼 보이는 낯선 인간이 함께 있었어요.

"한강철 씨, 먼저 이번에 실시한 현장 실습 결과를 알려드리겠습니다."

시험 요정 한 명이 앞으로 나와 진지한 목소리로 말했어요.

한강철은 너무 긴장한 나머지 침을 꿀꺽 삼켰어요.

"……합격입니다."

"후유."

한강철은 저도 모르게 안도의 한숨을 내쉬었어요.

"그런데 한 가지 문제가 생겼습니다. 그냥 넘어갈 수 없는 강력한 항의가 접수되어서 여러 요정님들과 장로님까지 모시게 되었습니다. 먼저 피해를 주장하는 학생의 이야기부터 들어 보겠습니다."

그러자 한쪽 구석에 앉아 있던 학생이 자리에서 벌떡 일어났어요.

"저는 이번에 명문대에 응시한 학생입니다. 97점의 높은 점수을 받았지만 결과는 불합격이었습니다. 결과를 받아들일 수 없어 합격자 성적을 확인해 보니, 저보다 낮은 90점을 받은 학생이 합격했더군요. 어떻게 이런 일이 있을 수 있죠? 그래서 대학에 이유

를 물었더니 그 학생은 '소수자 전형'으로 응시해 혜택을 받았다고 하더군요. '소수자 전형'이라는 들어도 본 적 없는 입학 제도가 알고 보니, 정의의 가치를 높이 숭상하는 정의의 동아리 요정들이 만든 것이라고 했습니다."

학생이 씩씩거리며 이야기를 마치자, 장로님이 정의의 요정들을 돌아보며 물었어요.

"저 학생의 말이 사실인가?"

"네, 맞습니다."

정의의 동아리 요정들은 잔뜩 기가 죽은 목소리로 대답했어요.

"아니, 시험이라는 정정당당한 제도가 있는데 당연히 성적순으로 입학시켜야지요. 그게 정당하지 않습니까? 물론 그 학생도 어려운 환경 속에서 열심히 공부했다는 거 압니다. 하지만 저도 엄청 열심히 했다고요. 제 노력은 왜 인정받지 못하는 거죠? 너도 불쌍하니까, 너도 안타까우니까 이런 식으로 다 배려하면 도대체 시험이라는 제도가 왜 있는 거예요? 정말 억울합니다. 소수자들을 위한 제도는 배려가 아니라 특혜입니다. 그 특혜 때문에 희생된 저는 어디서 보상받아야 하죠?"

학생은 어느새 울먹이고 있었어요. 회의장은 깊은 침묵 속에 잠기고 말았지요.

🔟 환생권으로 보상해 줄게

조금 뒤 장로님이 정의의 동아리 요정들에게 다시 한번 물었어요.

"그 누구보다 공명정대함을 최고의 가치로 여기는 정의의 동아리 요정들에게 명한다. 저 학생을 위해 무슨 말이든 해 보아라."

그러자 한 요정이 삐죽삐죽 일어나더니 조심스레 입을 열었어요.

"피해를 보았다고 주장하는 학생의 입장은 충분히 공감합니다. 하지만 저희들은 이 제도가 정의의 원칙에 어긋난다고 생각하지 않습니다. 정의의 생명은 물론 공정함입니다. 시험으로 학생을 뽑는 것은 공정함을 바탕으로 하는 제도가 분명합니다. 하지만 학교의 목적이 무엇입니까? 우수한 인재를 양성하는 곳입니다. 이미 완성된 인재만을 모아 두는 곳이 아니지요. 우수한 인재가 될 수 있는 기본 자질을 가진 학생들을 키워 내는 곳입니다. 그런 의미에서 어느 학생이 우수한 인재가 될지 기본 자질을 가리는 제도가 시험입니다. 그런데 이미 많은 것을 가진 학생과 아무것도 가지지 못한 학생이 시험이라는 제도로 경쟁하는 것은 불공정하다고 보았습니다."

요정의 말에 학생이 벌떡 일어나 소리쳤어요.

"저보다 더 학원을 많이 다니고, 족집게 과외를 받는 친구도 있다고요. 하지만 저는 그들보다 더 노력해서 좋은 성적을 냈어요. 그들보다 덜 가졌지만 노력과 재능으로 보충했던 거라고요. 그 학생도 저처럼 극복해야지요. 잣대가 왜 달라지나요? 저보다 더 나은 환경을 가진 사람도 많습니다. 그런데 저는 왜 그런 소수자 특혜를 받을 수 없나요? 특혜 자체가 정당하지 않습니다."

"네, 바로 그 점입니다. 모두가 똑같은 조건이라면 시험은 정정당당한 것이겠죠. 하지만 사람들은 태생부터 차이가 있고 그 차이로 인해 차별을 받고 있습니다. 이런 차별을 평등화시키는 건 사실 불가능해요. 그래서 조금이라도 그 차이를 줄여 보자는 취지로 만들어진 게 바로 '소수자 전형' 제도입니다. 소수자에게 주는 특혜가 아니고요. 보다 나은 삶을 누릴 수 있는 곳으로 한 발짝 올라갈 수 있는 작은 사다리일 뿐입니다. 그들이 아무것도 가지지 못했던 건 그들의 잘못이 아닙니다. 그냥 운이 나빴을 뿐이지요. 많은 사람들이 애초에 아무것도 가지지 못한 그들에게 기회를 주는 일에 동의했습니다. 충분히 감수하겠다고 공감했고요."

뒤이어 또 다른 요정이 덧붙였어요.

"게다가 입학생 전부를 소수자 전형으로 뽑는 것도 아니고 아주 적은 인원에 불과합니다. 그 몇 명의 자리도 그냥 얻어지지 않아요. 소수자들끼리도 충분히 경쟁하고 있습니다."

하지만 피해 학생은 절대 받아들일 수 없다고 소리쳤어요.

"제가 왜 그 피해를 받아야 하죠? 이건 역차별이에요."

학생의 이야기를 잠자코 듣고 있던 한강철은 머릿속이 혼란스러웠어요.

'누군가를 배려하다 보니 또 다른 피해자가 생겼어. 모든 사람을 행복하게 만들어 주는 정의는 없는 것일까?'

회의장이 웅성거리는 소리로 소란스러워지자 장로님이 모두를 진정시켰어요.

"나는 이 학생의 억울함을 충분히 인정한다. 또한 정의의 요정들 역시 자신들이 소중하게 여기는 가치에 어긋나지 않게 행동했다는 것도 인정하고. 그래서 이런 분란을 일으킨 한강철의 이야기를 들어 보고 싶은데."

"네? 저요?"

한강철은 갑자기 자신의 이름이 불리자 얼떨떨한 얼굴로 장로님 앞에 섰어요.

"한강철, 당신이 이 문제를 해결해 줘야겠어."

장로님의 말에 피해 학생과 요정들이 일제히 한강철을 쳐다보았어요. 한강철은 등에 식은땀이 흘렀어요. 뭘 어떡해야 할지 도

무지 알 길이 없었지요.

한참을 고민하던 한강철이 마침내 입을 열었어요.

"저, 학생……. 난 정의의 용사 한강철이야. 학생의 억울함은 충분히 이해해. 그래서 위로하는 차원에서 약간의 보상을 해 주면 어떨까 싶은데?"

"……보상이요?"

한강철은 학생을 똑바로 쳐다보며 말을 이었어요.

"학생은 지금 대학에 떨어진 게 너무나 억울할 거야. 열심히 노력했는데 그 노력을 보상받지 못했으니까. 그러니까 내가 대신 보상해 주겠다는 거야."

하지만 학생은 여전히 못마땅한 기색이 가득했어요.

한강철이 계속 말했어요.

"그 제도가 세상에 만들어진 이상 되돌리기는 어려워. 많은 사람들이 사회적·경제적 약자 계층에게 허용해 준 기회라고. 사실 학생은 운이 나쁘지 않아 꽤 괜찮은 환경에서 태어난 듯해. 그 좋은 환경 속에서 열심히 공부했겠지. 학원, 과외 선생님, 기타 등등 부모님이 모든 것을 지원해 주었을 거야. 사실 최약자 계층들이 볼 때는 그게 바로 특혜인데 말이야."

"그게 왜 특혜예요? 제가 그런 집안에서 태어나게 해 달라고 요

구한 것도 아니잖아요."

"맞아. 하지만 그 가난한 학생도 그런 집안에서 태어나게 해 달라고 요구한 적이 없어. 그저 학생은 남들보다 운이 좋았을 뿐이지. 학생의 잘못이라는 게 아니라 세상의 수많은 일들이 그런 차별로 얼룩져 있다는 걸 알려 주고 싶어."

한강철은 장로님과 시험 요정들을 돌아보며 정중하게 말했어요.

"그래서 말인데요, 장로님과 시험 요정님들이 허락하신다면 저는 이 학생에게 환생권을 주면 어떨까 합니다."

"……환생권?"

"네, 그게 가능하다면 이 학생이 소수자 전형으로 합격한 학생의 집안 환경과 똑같은 곳에서 태어나 살아가게 하겠습니다. 그래서 이 학생도 '소수자 전형' 특혜를 받을 수 있도록요. 그럼 되지 않을까요?"

그러자 학생이 버럭 화를 내며 펄쩍펄쩍 뛰었어요.

"그게 어떻게 보상이에요? 나보고 가난한 집에서 태어날래 아니면 그냥 대학 떨어질래 선택하라는 거잖아요? 지금 협박하는 거예요?"

"그게 왜? 지금 학생은 대학에 떨어져서 억울하잖아. 그래서 그 학생만 받은 특혜를 똑같이 주겠다는 거야."

학생은 꿀 먹은 벙어리처럼 아무 말도 못 했어요.

그러자 장로님이 일어나 회의장을 둘러보며 말했어요.

"환생권을 허락하겠다. 학생은 환생권을 받을지 말지 선택하라."

피해 학생은 잔뜩 화가 나서 매서운 눈으로 요정들을 쏘아보다가 문을 꽝 닫으며 회의장을 떠났어요.

"학생이 환생권 보상을 거부했으니 오늘 회의는 여기서 끝내지."

장로님의 말에 요정들은 하나둘 흩어졌어요.

세라 요정의 **정의 톡톡**

로버트 노직의 자유주의 국가론

로버트 노직은 미국의 대표적인 자유주의 철학자예요. 그는 1974년에 발간된 첫 책 『아나키에서 유토피아로』를 통해 국가의 권력이 더는 개인의 자유를 제약해선 안 된다는 '자유주의 국가론'을 주장하였어요. 즉, 한 개인의 재능은 온전히 그 자신의 것이므로 정당하게 취득한 재산이나 권리는 전적으로 개인이 소유하는 게 맞다고 보았지요. 물론 부당하게 얻거나 물려받은 재산 또는 권리는 당연히 국가가 간섭해야 한다고 했어요.

하지만 국가가 나서서 사회적 약자를 위한다는 명분으로 부의 재분배를 시도하는 것은 개인의 권리와 재산을 침해하는 것이라고 보았어요. 이는 존 롤스가 『정의론』에서 주장한 '분배적 정의'를 강하게 비판한 것이랍니다. 로버트 노직의 주장에 따르면 분배적 정의는 부유한 사람들에게 부당한 세금을 부과하여 개인이나 기업의 권리를 침해한다는 것이었지요. 이후 로버트 노직과 존 롤스가 벌인 자유와 평등에 관한 논쟁은 전 세계적으로 큰 쟁점이 되었답니다.

미국의 철학자 로버트 노직

우리나라의 복지의 역사

우리나라는 아주 오래전부터 사회 구성원들의 복지를 위해 여러 가지 법과 제도를 제정했어요. 특히 농업에 영향을 미치는 홍수, 가뭄, 태풍 같은 천재지변이 일어나면 이를 극복하기 위해 나라에게 많은 노력을 기울였지요. 함께 살펴볼까요?

삼국시대

재해로 발생한 이재민을 구제하고, 병든 사람, 가족이 없는 늙은 사람을 돌보는 것을 왕의 의무으로 여겼어요. 동시에 왕의 덕을 널리 알리는 방법으로 활용하였지요.

고구려

3~5월 곡식이 떨어질 때 가족의 수만큼 곡식을 빌려주었다가 수확기인 10월에 다시 갚는 진대법이 있었어요. 이는 훗날 고려의 의창, 조선의 환곡제도로 발전했답니다.

고려

구제 사업을 전담하는 전문 기관인 구제도감과 일반 백성의 의료를 담당하는 전문 기관인 혜민국을 설립했어요.

조선

빈민 구제는 왕의 책임으로, 어려움에 처한 백성을 신속하게 구제하는 것을 중시했어요. 행정의 집행은 지방관이 책임지며, 중앙 정부는 수시로 구제에 관한 문서를 내려주면서 필요한 법을 제정하고 지방 행정을 지도하고 감독했어요.

혜민서	가난한 백성을 무료로 치료하고 여자들에게 침술을 가르치는 일을 맡아보던 관아
활인서	서민들의 질병 치료와 사회 복지 사업을 수행했던 기관

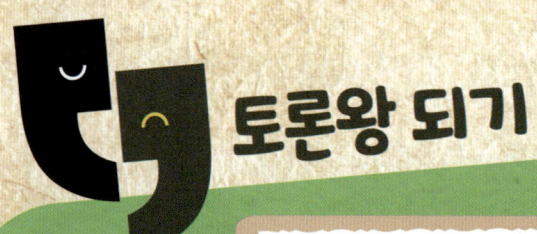

토론왕 되기

기여 입학 제도는 정당한가요?

기여 입학 제도는 학교에 많은 돈을 기부하거나 학교의 설립이나 발전에 큰 공로가 있는 사람의 자녀에게 입학 특혜를 주는 제도입니다. 정의의 관점에서 봤을 때 기여 입학 제도가 과연 정당한지 이야기해 보겠습니다.

교육은 좀 더 나은 사회적 지위를 얻을 수 있는 중요한 방법 중 하나입니다. 그렇기 때문에 교육의 기회는 평등해야 하는데, 사회적 지위나 재산을 이용해 특혜를 받는다는 건 말이 안 됩니다.

 하지만 소수자 전형처럼 아주 작은 인원의 학생일 뿐입니다. 융통성이라는 것도 우리 사회에 필요하지 않을까요?

아니요, 교육 기회 균등의 원칙에 어긋납니다. 열심히 노력하여 입학한 학생들에게 허탈감을 줄 뿐입니다.

 현실적으로 학교의 재정이 많이 어렵습니다. 비싼 수업료는 학생들에게 많은 부담이 되고 있고요. 기부 입학을 허용한다면 그 돈이 학생들의 복지에 쓰일 겁니다. 서로에게 도움이 되지 않을까요?

학교 운영의 어려움을 기부금으로 충당하려는 것 자체가 정당하지 않습니다. 안 그래도 비싼 수업료 때문에 능력 있는 많은 학생들이 진학을 포기하기도 합니다.

그러니까 수업의 질을 높이고, 교육의 부담을 줄일 수 있는 방법 중 하나로 기여 입학 제도를 허용하자는 거지요.

 하지만 애초에 입학할 능력이 안 되는 학생이라면 졸업할 능력도 없는 거 아닙니까? 결국 졸업장을 돈을 주고 사겠다는 건가요?

 솔직히 그 졸업장을 적정한 비용을 내고 사는 게 왜 문제가 되죠?

 안 됩니다! 그게 바로 정의의 원칙에 어긋나요. 그런 식이면 사람의 생명마저 사고팔지 못할 이유가 없겠군요. 돈이면 다 된다는 생각이 바로 우리 사회의 정의를 흔드는 것입니다.

 네, 맞는 말씀입니다. 학교 운영의 어려움을 극복해 나갈 다른 방법을 찾아보아야겠네요.

나도 토론왕

기여 입학 제도는 결국 실력이 아닌 돈으로 입학하는 방식이기 때문에 반대하는 사람이 더 많아요. 하지만 기여 입학자는 안 되고, 신체 장애인이나 농어촌 출신 학생은 선발한다면 불공평한 것 아닌가요? 여러분의 생각과 그 이유를 함께 이야기해 보아요.

퀴즈

아래의 내용에서 빈칸에 들어갈 알맞은 낱말을 찾아 써 보세요.

1 부당한 차별을 받는 쪽을 보호하기 위해 마련한 제도나 장치가 너무 강력하여 오히려 반대편이 차별을 받는 현상을 □□□이라고 해요.

2 미국의 철학자 로버트 노직은 국가의 권력이 개인의 자유를 제약해선 안 된다는 □□□□ □□□을 주장하였어요.

정답
① 역차별 ② 자유주의 국가론

7
행복을 전하는 정의의 용사

⚖️ 사람들을 행복하게 해 주고 싶어

"한강철 씨, 여기서 뭐 하세요?"

한강철이 멍하니 학교 운동장 의자에 앉아 있는데, 세라 요정이 다가와 말을 걸었어요.

"그냥 좀 심란해서."

"아, 곧 열릴 졸업 심사 때문에 그러세요? 걱정 말아요. 지금까지 졸업 심사에서 떨어진 사람은 한 명도 못 봤으니까요."

한강철은 눈을 가느다랗게 뜨고 세라 요정을 쳐다보았어요.

"졸업 심사에서 떨어지면 소원 요정이 될 수 없고, 결국 다시 인간 세계로 돌아가지. 그리고 돌아가는 순간 요정 세계에서 있었던 일은 하나도 기억 못 하는 거고."

"네. 맞아요."

"세라, 너 지금 거짓말하고 있는 거 다 알아! 네 주위에는 온통 요정들뿐이고, 그들은 다 졸업 심사에 통과한 거잖아. 그러니까 네가 아는 이들 중에는 떨어진 사람이 없는 거지. 게다가 너희 요정들이 떨어진 사람을 기억이나 하겠어?"

"호호, 듣고 보니 그렇군요. 가만 생각해 보니 떨어진 사람 얘기를 잠깐 들었던 것 같기도 하고……."

한강철이 매서운 눈으로 째려보자 세라 요정이 겸연쩍은 듯이 웃었어요.

"걱정 말아요. 농담이에요, 농담. 당연히 한 번에 합격한 요정들도 많지만, 혹시 안 되더라도 합격할 때까지 학교에 남아 다시 공부하면 돼요. 그러면 언젠가는 통과하지 않겠어요? 그래서 다들 합격한다는 거예요. 뭐, 가끔 요정이 되고 싶지 않다고 하는 사람들이 있긴 했죠. 다들 본인의 선택이니까요. 하지만 한강철 씨는 요정이 되고 싶다면서요?"

"요정이 아니라 용사!"

"그거나 저거나, 뭐. 이름이야 거창하지만 결국 에너지를 옮기는 일을 하는 건 똑같잖아요. 지난번에 끔찍한 해골들이 모여 있

는 오컬트 동아리에 들어가지 않은 것만 해도 다행이에요. 거기 출신들은 대부분 졸업하고 염라국에 배정되어 저승사자로서 생명 에너지를 운반하는 일을 하거든요. 그보다는 사람들의 소원을 들어주는 요정국이 훨씬 좋죠."

"해골들이 끔찍해?"

한강철이 의아해하자 세라 요정이 되물었어요.

"한강철 씨는 해골이 무섭지 않아요?"

"무섭거나 싫다는 느낌은 없어. 내 취향은 아니지만."

세라 요정이 고개를 크게 끄덕이며 감탄했어요.

"역시! 무지의 베일을 쓰고 있어서 그런지 외모에 대한 선입견이 전혀 없는 모양이네요."

"그런가? 어쨌든 정의의 용사도 당연히 사람들의 소원은 들어줄 수 있겠지?"

"못할 게 뭐 있어요. 정의의 용사, 소원을 들어줘! 우아, 멋지네요. 그런데 생각해 보니 정의의 동아리 요정들은 개인적인 일보다 공공의 일을 더 많이 하는 것 같아요. 여러 사람들의 소망을 모아서 제도화시키는 일 같은 거요. 모두를 만족시키긴 어렵지만 그래도 많은 사람들이 올바른 일이라고 인정하는 일을 도모하고, 많은 사람이 행복해지고 또 혜택을 받을 수 있는 일을 많이 하더군요."

한강철은 고개를 끄덕였어요. 자신도 그런 의미 있는 일을 꼭 하고 싶었어요.

한강철의 새로운 임무

며칠 뒤 장로님이 한강철을 교무실로 불렀어요. 하지만 장로님은 한참 동안 말이 없었어요. 한강철은 괜히 불안해졌지요.

이윽고 장로님이 긴 침묵을 깨고 질문을 던졌어요.

"한강철, 무지의 베일이 불편하지 않나?"

한강철은 손으로 눈을 더듬어 보다가 고개를 끄덕였지요.

"보는 데는 아무 문제가 없어요. 사실 베일이 제 눈을 가리고 있다는 것도 까맣게 잊을 때가 많아요. 곰곰 생각해 보니 오히려 더 좋았던 것 같습니다. 예전과 달리 상대방을 제멋대로 판단하는 일이 없으니까요."

"당신에게 잘 어울려."

한강철은 장로님의 말뜻을 알아듣지 못해 고개를 갸웃거렸어요.

'대체 무슨 말을 하려고 저리 뜸을 들이시지? 그냥 속 시원하게 공부를 더 해라, 아니면 졸업이다 말을 해 주시면 좋을 텐데……'

"한강철, 인간 세계에 있을 때 운동은 좀 했나?"

"아니요, 몸으로 직접 뛰는 건 잘 못했지만 경기를 관람하는 건 아주 좋아했어요. 축구, 야구, 농구, 배구, 킥복싱까지 가리지 않고 모두 다요."

"스포츠야말로 인간들의 이상적인 삶을 보여 주는 것 같더군. 먼저 규칙을 만들고, 그 규칙에 따라 정정당당하게 경쟁하고 노력하면서 결과를 받아들이는 거 말일세."

"네, 맞아요. 정정당당하게! 그게 스포츠 정신이죠. 그래서 제가 스포츠를 좋아했나 봐요. 정의의 원칙에 가장 잘 어울리는 공정한 게임이죠."

한강철의 말에 장로님이 조용히 웃었어요.

"그래, 하지만 완벽하게 공정하진 않지. 달리기를 예를 들면 애초에 잘 달리는 사람이 있고, 못 달리는 사람이 있기 마련이니까. 태어날 때 부여받는 신체 능력이 아예 다르다는 말이야. 또 어떤 사람은 슬리퍼를 신고 달릴 수밖에 없는데, 어떤 사람은 런닝화를 신을 수 있지. 심지어 0.001초를 단축시켜 주는 값비싼 옷들도 있더군. 하지만 모든 선수들이 그런 옷을 공평하게 입을 수는 없겠지. 그렇다면 그건 공정한 게임일까, 아닐까?"

"어, 그건……."

한강철은 장로님의 이야기를 듣다 보니 또다시 머릿속이 복잡해졌어요.

"그래서 말인데, 인간 세계로 가 한강철 당신이 생각하는 '정의로운 일'을 찾아보는 게 어떨까? 정의를 찾아다니다 보면 당신의 생각도 달라질 수 있어. 아무튼 당신은 아주 능력이 출중한 정의의 요정 아니 용사가 될 것 같군. 그만 나가 봐도 좋아."

한강철은 고개를 갸웃하며 교무실 밖으로 나왔어요. 그러자 밖에서 기다리고 있던 세라 요정이 부리나케 달려왔어요.

"어떻게 되었어요? 졸업이래요? 아니면 유급?"

"그냥 인간 세계에 가서 정의로운 일을 찾아보래."

"유급이네요."

"아냐! 졸업이나 다름없어. 그냥 찾아오기만 하면 되는 거니까."

"그게 유급이죠. 더 공부하라는 거잖아요!"

"아니라고. 이런 일은 합격, 불합격 이런 게 아니야. 그냥 정의

정보 쏙쏙

정의의 상징, 해태

'해태(해치)'는 선악을 판별하고 옳고 그름을 판단하는 전설 속의 동물이에요. 그래서 오래전부터 올바름을 나타내는 정의의 상징으로 여겨졌어요. 머리에 뿔이 있어 거짓말을 하거나 나쁜 마음을 먹은 사람을 보면 찔러 버렸다고 해요. 그래서 우리나라에서는 궁궐 앞에 해태 상을 세워 관리들로 하여금 궁을 드나들 때마다 해태를 쓰다듬게 했어요. 해태에게 찔리지 않으려면 공명정대하게 백성들을 관리하라는 뜻이지요. 그래서 해태는 전통적으로 법관의 옷으로 장식되어 있어요. 또 가장 공명정대하게 사람을 심판한다는 염라대왕이 머리에 쓰는 관도 해태관이랍니다.

해태상

롭다고 생각하는 일을 찾아오면 돼. 그러니까 난 졸업이나 마찬가지라고."

한강철이 계속 우겼지만 세라 요정도 지지 않고 고개를 세차게 흔들었지요.

"그러니까……, 그게 유급 아닌가요?"

"아, 됐고! 얼른 정의로운 일을 찾으러 가자!"

그러자 세라 요정이 눈꼬리를 치켜세웠어요.

"내가 왜요? 난 이미 한강철 씨 소원을 이뤄 주었으니 내 일은 끝났다고요."

"날 이곳 요정 세계로 데려왔으니 끝까지 책임져야지. 자기가 맡은 일을 책임지고 끝까지 완수하는 것도 정의야."

"아, 몰라요. 난 안 갈 거예요!"

"안 오고 뭐 해? 빨리 와."

어느새 하늘 위로 날아오른 한강철이 세라 요정에게 빨리 오라고 손짓했어요.

세라 요정은 입을 삐죽이긴 했지만 사실 아까부터 한강철과 함께하기로 마음 먹었답니다.

"네, 알겠어요. 같이 가요!"

세라 요정의
정의 톡톡

정치 체제의 밑거름이 된 정의

고대에는 개인의 삶과 공동체의 삶이 거의 구별되지 않았어요. 플라톤은 인간이란 공동체 속에서 다른 시민들과 함께 소통하면서 살아가는 존재라고 했지요. 그래서 공동체가 행복하면 개인의 삶도 행복하다고 보았어요. 개개인이 정의롭다면 당연히 그 개인이 모여 구성되는 공동체도 정의로운 사회가 된다고 여겼지요. 중세 시대도 거의 비슷했어요. 다만 종교적인 윤리가 덧붙여져, 신의 말씀을 받들어 잘 구현하는 삶을 정의롭다고 여겼어요.

하지만 근대에 개인의 삶과 공동체가 분리되었어요. 어떻게 살아야 하는지, 어떻게 행동하는 게 올바른지를 사회나 공동체가 규정 지을 필요가 없다고 생각했어요. 개인의 가치관은 온전히 개인에게 맡기고 공동체는 정치, 경제, 사회 체제만을 만들어 나갔지요. 하지만 그 과정에서 여러 가지 문제들이 터져 나왔어요. 사회 공동체의 이익을 위해 전쟁을 벌였고, 인권 침해, 대규모 살상 무기 사용 등 참혹한 비극이 이어졌어요. 옳고 그름에 대한 판단 없이 이익을 중시하는 사회가 될수록 개인의 삶은 점점 피폐해지고 결국 사회 전체가 불행해졌지요. 그래서 오늘날 다시금 정의의 가치가 주목받으면서, 인권이나 시민 주권 사상 등이 정치 체제의 밑거름이 되었답니다.

과거의 잘못을 뉘우치는 사람들

뉴스를 통해 정부나 교회, 어떤 단체가 오래전에 저질렀던 일에 대해 사과하는 것을 본 적이 있을 거예요. 공동체의 올바른 미래를 위해 과거의 잘못과 폭력, 불평등에 대해 사과해야 마땅하다고 생각하는 사람들이 점점 늘어나고 있답니다. 하지만 모두가 이 생각에 동의하는 것은 아니에요. 자신이 태어나기도 전에 일어난 일이고 아무 잘못을 저지르지도 않았는데 왜 반성해야 하냐는 것이지요. 과연 어떤 태도가 정의로운 것일까요?

독일의 개신 교회

1945년 제2차 세계 대전이 끝나자 독일의 개신 교회는 나치 하에서 더 용감하게 투쟁하지 못했음을 고백하고 반성했다.

"더 용감하게 신앙 고백을 하지 못했고, 더 진실하게 기도하지 못했고, 더 즐겁게 신앙 속에 살지 못했고, 더 뜨겁게 사랑하지 못했다." (슈투트가르트 죄책 고백)

로마 교황청의 반성

1991년 가톨릭교회가 이탈리아의 천문학자 갈릴레이의 지동설을 비난한 것을 사과하고 종교 재판의 잘못을 인정했다.

2000년 7만여 명의 유대인과 무슬림을 학살한 십자군 전쟁, 반유대주의에 기반을 둔 유대인 탄압, 15세기 이단 심문소의 마녀 재판, 16세기에 자행된 아메리카 원주민 대학살, 개신교 탄압 등 가톨릭교가 인류에게 범했던 각종 과오를 '교회의 과거 범죄'로 인정했다. 또한 창조론만을 주장해 온 가톨릭교의 입장을 철회하고 '진화론은 논리적으로 옳다.'고 인정했으며 이를 계기로 과학과 신앙이 화해할 수 있기를 바란다고 말했다. (교황 요한 바오로 2세)

해결되지 못한 과거사

일본 1910년에 대한제국을 강제 합병한 뒤 무단으로 통치하면서 사회적·경제적으로 수탈하고 민족을 말살하려 한 참혹한 행위 (위안부, 강제 징용)

독일 제2차 세계 대전 당시 나치군이 저질렀던 유대인 학살 행위

미국 일본 히로시마에 핵폭탄 투하 / 흑백 인종 차별과 노예 문제

바르샤바 봉기 희생자 위령비 앞에 무릎을 꿇은 서독 총리

인종 차별에 항의하는 시위대

토론왕 되기

공동체가 저지른 과거의 잘못을 개인이 사과해야 하나요?

근대에 이르러 수많은 나라가 다른 국가의 영토를 군사력과 경제력으로 지배하려고 했습니다. 이러한 제국주의는 인류 전체에 결코 이롭지 않았고 올바른 행동이 아니었습니다. 이제 새로운 시대로 나아가고 있는 오늘날, 과거의 잘못을 반성하고 사과하라는 요구가 점점 거세지고 있습니다. 이 요구가 정당한 것인지 이야기해 보겠습니다.

피해자가 보상과 사과를 요구하는 것은 당연하고도 정당한 일입니다.

 하지만 내가 한 일도 아닌데 나의 할아버지 세대, 아니 어쩌면 더 앞선 세대가 저지른 잘못에 대해 책임을 묻는 것은 지나치지 않나요?

오늘날 우리는 조상들이 남긴 유산으로 살아가고 있습니다. 피해자 역시 마찬가지로 그 상처를 안고 살아가고 있고요. 직접적인 혜택이나 피해는 아닐지라도 공동체 전체의 이익과 정의의 가치가 전해지고 있지요.

 인간이 아무리 사회적 동물이라고 해도, 사람들은 각 개인의 개성과 능력, 이익을 중요하게 생각하지 공동체와 운명을 함께하지는 않습니다. 무엇보다 사과를 해야 할 사람은 이미 다 사라졌는데, 그걸 왜 오늘날의 세대에게 요구하는 겁니까?

두 번 다시 그런 일이 일어나지 않도록 하기 위해서라도 반드시 필요한 일이지요. 나 몰라라 하는 태도는 결코 정의롭지 않습니다.

 아직 일어나지도 않았고 저지르지도 않은 잘못까지 책임지라는 건가요? 이게 정당한 겁니까?

과거에 충분한 사과와 보상을 하지 않았기 때문입니다. 피해자는 힘이 없었고 가해자는 피해자보다 힘이 더 세었기 때문에 얼렁뚱땅 넘어간 것이지요. 아무리 개인의 자율성이 우선시된다 하더라도 자신이 속한 공동체의 역사에서 벗어날 순 없습니다. 정의의 실현은 책임을 지는 실천에서부터 시작됩니다.

 어디까지 책임져야 할 것인지는 서로의 합의가 필요합니다. 사람마다 정의에 대해 생각하는 것이 조금씩 다르듯이, 이 문제에 대해서도 함께 생각해 보아야겠어요.

나도 토론왕

나의 가족이나 친구가 잘못된 행동을 했을 때 여러분은 어떤 기분이 드나요? 내가 직접 한 것은 아니지만 왠지 부끄럽고 떳떳하지 못한 생각이 들지요. 그럴 땐 어떻게 해야 하는지 스스로에게 질문해 보고 친구들과도 이야기를 나누어 보아요.

어려운 용어를 파헤치자!

경제적 불평등
개인 간의 소득 분배가 올바르지 않아 부자와 가난한 사람들 간의 경제적 자산의 차이가 크게 나타나는 현상이다.

부의 재분배
'소득의 재분배'라고도 한다. 개인이나 어떤 계층에게 사회의 이익, 재산 등이 지나치게 많이 축적되는 것을 막기 위해서 이들이 벌어들이는 소득의 일정 금액을 거두어들여 다시 사회로 환원하게 하는 제도이다. 주로 세금, 사회 보험, 연금, 의료 보험 등의 방법이 이용되며, 이러한 사회 제도는 고소득자나 부유층에 집중된 소득이 저소득자, 빈곤층에 쓰임으로써 소득이 다시금 분배되는 효과가 있다.

빈익빈 부익부
가난한 사람은 더 가난해지고, 부유한 사람은 더 부유해진다는 말이다. 신약 성경 마태복음에 "무릇 있는 자는 받아 넉넉하게 되고 없는 자는 그 있는 것도 빼앗기리라."라는 말이 있어, 이러한 사회적 현상을 '마태 효과'라고도 한다.

사회적 약자
신체적·문화적 특징으로 인해 사회에서 소외되거나 차별받는 사람들을 말한다. 우리 사회에서는 주로 가난한 계층의 사람들이나 장애인, 이주민, 성소수자들이 대표적인 사회적 약자로 꼽힌다.

역차별
때때로 다수 집단에 의해 불이익을 받은 소수 집단이나 사람들을 우대함으로써 불이익을 받게 되는 경우를 말한다.

특권
어떤 개인이나 특정 집단의 사람들에게만 특별한 권리나 이익을 주거나 의무를 면제시켜 주는 일을 말한다. 우리나라 법률에 명시된 대표적인 특권으로 외교 특권, 국회의원의 불체포 특권, 발언과 표결의 면책 특권 등이 있다.

신나는 토론을 위한 맞춤 가이드

정의에 대한 이야기를 재미있게 읽었나요? 이제 정의에 관한 한 박사가 다 되었다고요? 그 전에 마지막 단계인 토론을 잊지 마세요. 토론을 잘하려면 올바른 지식과 다양한 정보, 폭넓은 사고가 바탕이 되어야 해요. 책을 다 읽고 친구 또는 가족과 함께 신나게 토론해 봐요!

잠깐! 토론과 토의는 뭐가 다르지?

토론과 토의는 어떤 문제를 해결하기 위해 다른 사람과 의견을 나누는 일입니다. 하지만 형식이 조금 달라요. 토의는 여러 사람의 다양한 의견을 한데 모아 검토하고 협의하는 것이고, 토론은 논리적인 근거로 상대방을 설득하는 것입니다. 토의는 누군가를 설득하거나 이겨야 하는 것이 아니기 때문에 서로 협력해서 생각의 폭을 넓히고 좋은 결정을 내릴 때 필요해요. 반면 토론은 한 문제를 놓고 찬성과 반대로 나뉘어 서로 대립하는 과정을 거치지요. 넓은 의미에서 토론은 토의까지 포함하는 경우가 많습니다. 토론과 토의 모두 논리적으로 생각의 체계를 세우고, 사고력과 창의성을 높이는 데 도움을 준답니다.

토론의 올바른 자세

말하는 사람
1. 자신의 말이 잘 전달되도록 또박또박 말해요.
2. 바닥이나 책상을 보지 말고 앞을 보고 말해요.
3. 상대방의 주장이 자신의 생각과 달라도 존중해 주어요.
4. 주어진 시간에만 말을 해요.
5. 할 말을 미리 간단히 적어 두면 좋아요.

듣는 사람
1. 상대방이 어떤 이야기를 하는지 집중해서 들어요.
2. 바르고 단정한 자세로 앉아요.
3. 상대방이 말하는 중간에 끼어들지 않아요.
4. 다른 사람과 떠들거나 딴짓을 하지 않아요.
5. 상대방의 말을 적으며 자기 생각과 비교해 봐요.

체계적으로 생각하기

노동자들의 희생으로 부를 증식하는 일은 과연 올바른가?

함께 잘 사는 세상을 만들기 위해 노력하고 희생한 전태일의 이야기를 읽고, 옳은 일이 무엇인지 생각해 봅시다.

    1948년 한 가난한 집안에서 전태일이라는 아이가 태어났어요. 그는 너무 가난해서 초등학교 4학년 때 학교를 그만두고 동대문 시장에서 물건을 떼어다 파는 행상 일을 시작했어요. 그러다 열일곱 살 때 청계천 평화시장의 한 작은 회사에 취직했어요. 그는 아버지에게 재봉 기술을 배워 옷 만드는 일을 했답니다. 청계천의 평화시장에는 의류 상가와 제조업체가 모여 있었는데, 1층은 주로 상가로 사용되었고 2~3층에는 옷을 만드는 다락방이 있었어요. 제대로 일어설 수도 없을 만큼 낮은 천장과 아주 좁은 다락방에서 열세 명의 노동자들이 쉬는 날도 없이 거의 매일 14시간씩 일했어요. 월급은 아주 적었을 뿐만 아니라 일이 끝난 후에도 외출조차 마음대로 하지 못했어요. 게다가 햇볕도 들지 않고, 환기도 되지 않는 밀폐된 좁은 공간이다 보니 다락방에는 늘 먼지가 자욱했지요. 그래서 미싱 일을 하는 사람들은 폐렴에 걸리기 일쑤였어요. 결국 폐렴에 걸린 어린 근로자는 해고가 되었지요.
    전태일은 재봉사였기 때문에 그들보다 처지가 조금 나았지만, 어린아이들이 열악한 노동 환경에서 일하는 것을 가만 보고 있을 수가 없었어요. 그러던 어느 날 전태일은 우리나라에 '근로 기준법'이라는 노동법이 있다는 걸 알게 되었지요.
    "사업자들은 왜 법에서 정한 노동 시간과 노동 환경을 지켜 주지 않는 거지? 노동법만 지켜 주어도 억울하게 해고를 당하거나 돈도 받지 못한 채 밤늦게까지 일하는 일은 없을 텐데……."
    전태일은 평화시장 노동자들에게 '근로 기준법'을 알리고, 노동 환경을 개선시켜 달라고 시위를 벌였어요. 또 국회와 노동청, 서울시, 청와대 등에 진정서를 제출하기도 했답니다. 그런데 이러한 일들이 세상에 점차 알려지자 전태일은 평화시장에서 쫓겨나게 되었어요. 하지만 그는 포기하지 않았어요. 지켜지지 않는 법은 없느니만 못하다면서 법을 불태우는 시위도 벌였지요. 하지만 사업자들의 부탁을 받은 경찰이 도리어 전태일을 체포하려고 했어요. 시위가 무산되려 하자 전태일은 자신의 몸에 석유를 뿌리고 불을 붙였어요. 그는 "근로 기준법을 준수하라! 우리는 기계가 아니다!"라고 외치면서 세상을 떠났답니다.

  이후 그의 이야기가 세상에 널리 알려지면서 많은 사람들이 열악한 환경에서 일하는 노동자들의 현실을 알게 되었어요. 노동자들 스스로도 자신들의 근무 환경을 개선하려고 노력하였지요. 이후 학교와 사회 단체, 종교계에서 수많은 시위가 이어졌답니다. 이러한 노력 덕분에 오늘날 우리 사회는 '근로 기준법'을 준수하게 되었고, 노동자들도 자신의 권리를 스스로 지켜 나가는 계기가 되었답니다. 오늘날 우리는 청계천 6가 버들다리 위에 전태일 반신 부조상을 세워 그의 불꽃 같았던 삶과 정신을 기리고 있습니다.

우리나라의 빠른 경제 성장의 뒤에는 전태일처럼 열악한 환경에서 일했던 노동자들의 희생이 있었답니다. 경제 성장을 위해 노동자들이 치러야만 했던 열악한 환경들을 본문에서 찾아보세요.

1. 평화시장 노동자들이 일했던 작업 환경과 근로 시간

2. 전태일은 노동 환경을 개선하기 위해 어떤 노력을 했나요?

3. 노동자들에게 적은 돈을 주고 많은 일을 시키는 것이 왜 부당할까요?

논리적으로 말하기 1
법보다 정의가 우선시 되는 게 언제나 옳은 일일까?

법은 우리 사회의 규칙이자 질서이기 때문에 반드시 지켜져야 합니다. 하지만 때로는 법을 지키지 않는 사람들이 있습니다. 법보다 우선시 되는 정의를 지키기 위해서지요. 또한 이러한 사람들이 있기 때문에 법에 정의의 가치가 담기기도 합니다. 아래의 안티고네 이야기를 함께 읽어 보고 법과 정의에 대해 토론해 보아요.

    테베의 왕 오이디푸스는 자신의 운명을 괴로워하다가 말없이 테베를 떠났습니다. 오이디푸스에게는 2남 2녀의 자식이 있었는데, 폴리네이케스, 에테오클레스 왕자와 안티고네, 이스메네 공주였지요. 아버지의 부재로 테베의 왕좌가 비게 되자 처음에는 두 형제가 교대로 테베를 다스리자고 약속했어요. 하지만 에테오클레스가 약속을 깨고 폴리네이케스를 테베에서 쫓아냈어요. 그러자 폴리네이케스는 이웃 나라에서 군대를 끌고 와 테베를 공격했지요. 에테오클레스는 조국에 적의 군대를 끌고 온 폴리네이케스를 테베의 배신자라고 비난했어요.

    하지만 폴리네이케스는 먼저 약속을 깬 건 동생이라고 맞받아쳤지요. 두 왕자는 치열하게 싸우다가 그만 둘 다 죽고 말았어요. 그러자 오이디푸스의 동생이자 안티고네의 삼촌인 크레온이 테베의 군대를 이끌어 적국의 군대를 물리치면서 테베의 새 왕이 되었어요. 왕이 된 크레온은 에테오클레스의 시신은 거두어 장례를 치러 주었지만, 테베에 적의 군대를 끌고 온 폴리네이케스의 시신은 들판에 내버려 두었어요.

    "폴리네이케스는 조국에 적의 군대를 끌고 온 배신자다. 배신자는 까마귀의 밥이 되어 마땅하다. 그의 장례를 치르는 자는 테베의 적으로 간주하여 사형시키겠다."

    크레온은 새로운 법을 만들어 테베에 공표했지요.

    그런데 폴리네이케스의 동생인 안티고네가 몰래 오빠의 장례를 치러 주었어요. 이 사실이 알려지자 크레온은 안티고네에게 왜 법을 어겼냐고 물었어요.

    "폴리네이케스가 죄인인 것은 분명합니다. 하지만 죄인이라 할지라도 장례를 치러 주어야 한다고 생각합니다."

"내가 왕이 되어 만든 첫 법이었다. 그런 법을 보란 듯이 어겼다는 것은 앞으로 나의 통치에 반대하겠다는 뜻인가?"

"저는 삼촌을 반대할 마음이 없습니다. 왕께서 내린 법은 존중받아 마땅하지요. 하지만 사람의 장례를 치르는 일은 인간의 법보다 더 우선시 되는 신의 법입니다."

크레온은 깊은 고민에 빠졌습니다. 법대로 하자면 안티고네를 사형시켜야 했어요. 한꺼번에 두 형제를 잃은 안티고네의 처지가 무척 안타까웠지만, 그대로 살려 둔다면 앞으로 누가 법을 지킬까 고민이 되었지요. 크레온은 오랜 고민 끝에 결국 안티고네를 사형시켰답니다.

그러자 안티고네를 사랑하던 크레온의 아들이 아버지의 행위가 너무나 부당하다면서 따라 죽고 말았답니다. 크레온은 몹시 슬퍼하면서 그제야 자신이 만든 법이 정의에 어긋났다는 걸 알았어요. 정의에 어긋난 법은 지켜질 수 없다는 것도 깨달았지요. 하지만 나라를 다스리기 위해서는 안티고네를 처형할 수밖에 없었다고 생각했답니다.

1. 폴리네이케스와 에테오클레스는 테베의 왕이 되기 위해 싸우다 결국 둘 다 죽게 되었어요. 폴리네이케스와 에테오클레스는 각각 어떤 잘못을 저질렀나요?

2. 고대 그리스 테베에서는 사람이 죽으면 반드시 장례를 치러 주어야 한다고 생각했습니다. 그것이 신이 정한 올바른 일, '정의'였습니다. 그럼에도 불구하고 크레온은 폴리네이케스의 장례를 치러 주지 말라는 법을 만들었습니다. 이로 인해 어떤 일이 벌어졌나요?

3. 잘못 만들어진 법이라도 법은 법으로서 권위와 힘을 가져야만 사회의 질서가 유지됩니다. 이러한 경우 어떤 행동이 올바른 것일까요? 안티고네의 사형을 두고 각자 찬성과 반대 편에 서서 토론해 보아요.

찬성 법을 어긴 안티고네를 처형해야 한다.
반대 안티고네는 사회의 정의에 따랐을 뿐이다. 처형은 부당하다.

논리적으로 말하기 2

빈익빈 부익부 현상은 과연 올바른 일인가?

경제학 용어 중 '승자의 독식 효과'라는 말이 있습니다. 경쟁에서 이긴 승자가 모든 것을 다 가진다는 뜻이지요. 이러한 승자 독식 효과로 인해 부자는 더욱 부유해지고 가난한 자는 더욱 가난해진다는 '빈익빈 부익부' 현상이 나타나게 됩니다.
아래의 두 이야기를 읽고, 빈익빈 부익부 현상에 대해 이야기를 나눠 보아요.

옛날 어느 나라의 왕이 길을 떠나면서 세 신하에게 은을 한 덩이씩 나누어 주었습니다.
"내가 여행을 다녀올 동안 너희는 이 은덩이로 각자 장사를 해 보아라."
왕은 여행을 마치고 돌아와 세 신하를 다시 만났습니다.
첫 번째 신하는 은 한 덩이로 장사를 하여 은 열 덩이를 만들었고, 두 번째 신하는 은 한 덩이로 은 다섯 덩이를 만들었습니다. 하지만 세 번째 신하는 장사를 하다가 오히려 손해를 봐 은이 반 덩이밖에 남아 있지 않았습니다.
왕은 첫 번째 신하에게는 상으로 열 개의 도시를 주며 그 도시를 다스리게 하였고, 두 번째 신하에게는 다섯 개의 도시를 주었습니다. 그리고 손해를 본 세 번째 신하에게서 은 반 덩이를 빼앗아 첫 번째 신하에게 주었습니다.

이와 비슷한 이야기가 있습니다.
옛날 어느 한 나라의 왕이 여행을 떠나면서 세 신하에게 은화를 나누어 주었습니다.
첫 번째 신하에게는 은화 열 개를, 두 번째 신하에게는 은화 다섯 개를, 세 번째 신하에게는 은화 한 개를 주었습니다. 얼마 뒤 여행을 마치고 돌아온 왕이 세 신하에게 은화가 각각 얼마나 있느냐고 물었습니다.
첫 번째 신하가 말했습니다.
"왕이시여, 저는 당신이 주신 은화로 열심히 장사를 하여 은화를 오십 개로 불렸습니다."
두 번째 신하가 말했습니다.
"왕이시여, 저 역시 당신이 주신 은화로 열심히 장사를 하여 은화를 두 배로 불렸습니다. 저는 은화가 열 개가 되었습니다."

세 번째 신하가 말했습니다.

"왕이시여, 저는 제게 주신 은화가 너무 적어 장사를 할 수 없었습니다. 하지만 온전히 잘 보전하여 여전히 은화 한 개가 그대로 있습니다."

이 말을 들은 왕은 세 번째 신하에게 게으르다고 화를 냈습니다. 그러고는 그의 은화를 빼앗아 첫 번째 신하에게 주었습니다.

1. 경제 분야뿐만 아니라 과학이나 예술 분야에서도 우리는 빈익빈 부익부 현상을 종종 봅니다. 뛰어난 한 명의 과학자나 예술가가 이루어 낸 업적이 다른 백 명의 과학자나 예술가의 업적보다 훨씬 많을 때가 있지요. 이러한 사실을 볼 때 모든 자원이 균등하게 분배되지 않는다는 걸 알 수 있어요. 그렇다면 첫 번째 이야기에서처럼 경쟁에서 이긴 승자가 다른 사람보다 더 많은 자원을 가지는 게 과연 올바를까요? 또한 그 대가로 열 개의 도시를 차지하게 된 것도 정당한 일이라고 할 수 있나요?

2. 첫 번째와 두 번째 이야기 모두 왕이 가장 없는 사람의 자산을 뺏어 가장 많은 사람에게 주었습니다. 이러한 일은 정당한가요?

창의력 키우기
일상 생활 속에 숨은 정의 찾기

우리는 살아가는 동안 부당하거나 억울한 일을 겪게 됩니다. 정의롭지 못한 일들도 종종 있지요. 하지만 부당하고 정의롭지 못한 일들을 개선하기 위해 노력하는 사람도 많습니다. 여러분이 볼 때 부당하다고 여겼던 일이 노력이나 실천에 의해 정의로운 결과로 바뀐 적이 있나요? 곰곰이 생각해 보고 정의로웠던 일을 찾아 적어 보세요.

예시 답안

노동자들의 희생으로 부를 증식하는 일은 과연 올바른가?

1. 햇볕도 들지 않고 환기도 되지 않는 아주 좁은 다락방에서 열세 명의 노동자들이 모여 하루에 14시간씩 일을 했다. 휴일이나 쉬는 시간도 없고, 일이 끝난 후에도 마음대로 외출할 수 없었다.

2. 근로 기준법이 있다는 사실을 노동자들에게 알리고, 노동 환경을 개선하기 위해 함께 시위를 했다. 또한 국회와 서울시, 노동청, 청와대에 진정서를 보내는 등 적극적으로 자신들의 노동 환경 개선을 위해 노력했다. 이러한 노력들이 사업자와 경찰의 방해로 제대로 이루어지지 않자 자신의 몸에 불을 붙여 희생했다. 그의 희생 덕분에 오늘날 근로 기준법이 강화되고, 노동자의 권리와 노동 환경이 개선되었다.

3. 노동자들이 인간으로서 기본적으로 누려야 하는 인권조차 보장받지 못한 채 노동에 시달리는 것은 정의롭지 못한 일이다. 또한 기업을 운영하는 일부 사업자들만 돈을 많이 벌고, 그 돈을 벌어 주는 노동자들에게는 몫을 제대로 나눠 주지 않은 것도 부당하다.

법보다 정의가 우선시 되는 게 언제나 옳은 일일까?

1. 폴리네이케스는 부당하게 테베에서 쫓겨나자 적국의 군대를 끌고 조국으로 쳐들어갔다. 그의 억울한 심정은 이해되지만 개인적인 복수를 위해 조국을 배신한 행동은 잘못된 것이다. 에테오클레스는 형과 교대로 테베를 다스리기로 약속했는데, 그 약속을 어기고 폴리네이케스를 테베에서 쫓아낸 것은 잘못했다.

2. 사람들이 납득할 수 없었던 법은 엄청난 비극을 불러일으켰다. 먼저 안티고네가 법을 어긴 대가로 사형을 당하였다. 또한 안티고네를 사랑했던 크레온의 아들마저 죽음으로 내몰았다.

3. 찬성: 법이 만들어졌으면 일단 지켜야 한다. 이러한 원칙이 지켜지지 않는다면 사람들은 자신에게 불리할 때마다 무조건 법이 잘못되었다고 주장할 것이다. 그러면 사회의 질서를 유지하기 어렵다. 모든 일은 완벽할 수 없다. 법 또한 완벽하지 않아 잘못된 부분이 있을 수 있다. 잘못된 부분을 알았으니 법을 수정 보완하면 된다. 그 과정에서 일어나는 개인의 희생은 사회의 질서를 위해 어쩔 수 없는 부분이다. 모든 사회 공동체가 감수해야 하는 일이기도 하다.

반대: 사람의 목숨은 그 무엇보다 소중하다. 잘못되었다는 것을 알았으면 즉시 잘못된 부분을 고쳐야 한다. 잘못인 줄 알면서도 개인의 희생을 강요하는 것은 정의롭지 못한 일이다. 왕이 된 크레온이 처음으로 시행한 법이 잘못되었다는 것을 알았음에도 불구하고 나라를 통치하기 위한 권위를 세우기 위해 개인의 희생을 강요한 것은 부당하다. 자신의 잘못을 깨끗이 인정하고 바꾸려 한다면 오히려 왕의 권위를 높이는 일이 될 것이다.

빈익빈 부익부 현상은 과연 올바른 일인가?

1. 오늘날 정의의 관점에서 볼 때 경쟁에서 이긴 승자가 정당한 대가를 받는 것은 올바른 일이라고 생각한다. 다만 승자의 대가에도 적정한 수준이 있다. 지나치게 많은 대가를 받는 것은 정의롭지 못한 일이다. 어느 정도를 적정한 대가로 볼 것인지는 사회 구성원들의 합의와 공감이 필요하다.

2. 정당하지 못하다. 장사에 소질이 없어 손해를 보았을 수 있지만, 그렇다고 인격적으로 비난받을 일은 아니다. 장사 이외의 분야에서는 능력이 뛰어날 수도 있고 부지런할 수 있기 때문에 게으르다는 비난은 그야말로 편견일 수도 있다.